中国证券市场20年20种
·系列丛书·

中国证券市场20年20种系列丛书

数说股事

SHUSHUOGUSHI20NIAN

中国第一本用数字勾勒股市发展史的图书

20年

让普通人可以看清数字背后的秘密，把握股市涨跌的规律

赵学毅◎著

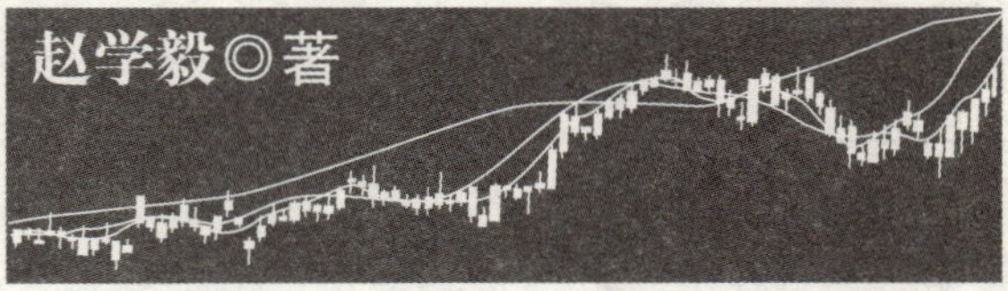

数据感受变迁　图表解析玄机
文字诠释反思　蝶变完成超越

企业管理出版社
ENTERPRISE MANAGEMENT PUBLISHING HOUSE

图书在版编目（CIP）数据

数说股事20年/赵学毅著．—北京：企业管理出版社，2010.12
ISBN 978-7-80255-705-5

Ⅰ．①数…　Ⅱ．①赵…　Ⅲ．①股票—资本市场—概况—中国　Ⅳ．①F832.51

中国版本图书馆CIP数据核字（2010）第206737号

书　　名：数说股事20年
作　　者：赵学毅
责任编辑：李　靖
书　　号：ISBN 978-7-80255-705-5
出版发行：企业管理出版社
地　　址：北京市海淀区紫竹院南路17号　邮编：100048
网　　址：http：//www.emph.cn
电　　话：出版部（010）68414643　发行部（010）68467871
编辑部（010）68701891
电子信箱：80147@sina.com　zbs@emph.cn
印　　刷：北京智力达印刷有限公司
经　　销：新华书店
规　　格：170毫米×240毫米　16开本　14.25印张　176千字
版　　次：2010年12月第1版　2010年12月第1次印刷
定　　价：36.00元

◇ 序一 ◇

曲折中前进

从1990年成立伊始至今，中国证券市场走过的20年是曲折的，但成效显著。中国证券市场规模不断扩大，从最初沪深股市13家股票，发展到2009年底1740家股票，两市股票市场总值达到24.27万亿元，相当于2009年中国国内生产总值的74%。市场品种日益丰富，既包括分为A、B股的股票，又包括国债、企业债、可转债、封闭式基金、权证，还有最近推出的股指期货等金融衍生品种。市场层次日益发展，上市板块既有主板市场，又有中小板、创业板市场，全方面多层次为经济发展服务。总的来说，中国证券市场经历了五个发展阶段：

一、局部探索（1990～1993），标志性事件：两个交易所成立，邓小平同志南巡讲话。1990～1993年，中国证券市场开始在局部地区进行探索前行。经过近3年的探索，取得了一些成就：沪深股市上市公司数量大增，从1991年的13家增长到1993年的183家，筹资规模从1991年的10.68亿元，增加到1993年的290.46亿元，解决了一部分公司的融资需求；从上市主体来看，上市后公司的盈利能力和经营管理能力比上市前大幅提高，市场价值也大幅提高，从1991年底的120亿元，增加到1993年底的3657亿元，当然其中国有股也得到了保值或者增值，说明股份制改造是国有企业一个较好的产权体制改革路径。由此说明在中国建立证券市场是可行的，尽管出现了一些问题，只要规范建设，问题还是可以解决的。这一阶段宝贵的试点经验为证券市场的全面展开，提供了很好的借鉴，奠定了良好的基础。

二、全面铺开（1994～1998），标志性事件：公司法的颁布、证监机构调整。在这一阶段，中国证券市场试点由点及面，逐步扩展到全国，中国证券市场建设进入全面铺开的时代。《公司法》的颁布实施为股份制改革在全国展开奠定了统一的法律基础。随着1992年国务院证券委和中国证监会的成立，1997年8月沪深证券交易所划归中国证监会直接管理，1998年国务院证券委相关职能划拨到证监会，同时其他证券市场一切监管事务都已划拨中国证监会管理，至此全国性的单一监管机构已经正式建立。从上市公司角度来看，沪深证券交易所从地方走向全国。早期沪深证券交易所主要是服务于当地股份制企业，1993年起国家允许各省可以选择试点企业在沪深股票交易所发行上市，上市公司分布区域越来越广，到1998年全国31个省市自治区都有上市公司。

三、立体规范（1999~2004），标志性事件：证券法的颁布、上市公司治理运动。随着前一阶段的大胆推行股份制和加速扩容市场规模，证券市场所暴露的问题也越来越多，如一些公司欺诈上市，上市公司质量参差不齐；同时有些上市公司违反信息披露原则、操纵利润等其他违法违规行为等。为此，我国加速了相关法律的制定实施，尤其是证券市场基础性法律《中华人民共和国证券法》于1999年7月1日正式颁布施行，为中国证券市场发展提供了有力的法律保障。2001年3月，中国证监会宣布取消股票发行审批制，正式实施股票发行核准制下的“通道”管理体制。1998年开始实行特别处理（ST）制度，1999年7月对暂停上市股票实行“特别转让”（PT），2000年沪深交易所发布《上市公司股票暂停上市处理规则》，2001年4月PT水仙成为中国证券市场首家退市公司。另外加大对投资者合法权益的保护力度。2002年1月15日，最高人民法院下发《关于受理证券市场因虚假陈述引发的民事侵权纠纷案件有关问题的通知》，标志着对中小投资者的法律保护更强，中小投资者可以通过民事诉讼来保护自己合法的权益。积极处理一批违法违规案件，如银广夏、庄家吕梁案等等，稳定了投资者的信心。

2002年1月，《上市公司治理准则》颁布实施，拉开了上市公司治理结构整治运动的序幕。上市公司的治理运动主要内容集中在国有资本管理体制、高管人员责任、投资者利益保护、控股股东约束、公司治理架构建设、信息披露、股权激励等公司治理基础制度建设方面。通过查处一大批违规的公司以及公司高管人员，有力促进了公司治理结构的改进与完善，提高了公司的质量和竞争力，增强了投资者的投资信心，为以后股权分置改革创造了一个良好的制度基础。由此，2002 年被称之为“中国公司治理年”。

四、固本清源（2005～2008），标志性事件：股权分置改革，券商综合治理。2002～2005 年中国股票市场经历了四年的熊市，其主要原因之一就是股权分置，股权分置格局成为股市进一步发展的重大障碍。2005 年 4 月 29 日，中国证监会发布《关于上市公司股权分置改革试点有关问题的通知》，正式启动上市公司股权分置改革。随后到 2006 年底，沪深两市上市公司已完成或者进入股改程序，占应股改公司的 98%，截至到 2009 年底只有 21 家尚未股改。股权分置改革成功推行，有利于中国上市公司治理结构的改善，有助于证券市场的健康长期发展，有利于改善投资环境，提高投资者的信心。2006 年沪深股市开始快速回升，2007 年最终攀升到历史最高点，形成 2006～2007 年两年的大牛市。

2004 年初，券商违规操作行为，如挪用客户资金、债券等，开始暴露在公众面前。为了解决这些问题，中国证监会根据国务院 2004 年 1 月所发布的《关于推进资本市场改革开放和稳定发展的若干意见》关于加强证券公司监管的要求，于 2004 年 8 月召开全国证券监管工作座谈会，开始全面启动券商的综合治理工作，治理的纲领文件以 2005 年 7 月所发布的《证券公司综合治理工作方案》为主，并成立证券公司综合治理专题工作小组，专门负责券商的综合治理。到 2006 年底，经过三年的整改，证券公司的基本问题已解决。

通过这一阶段的固本清源，中国证券市场发展达到了历史的顶峰，目前中国证券市场的总规模已达到全球第二。中国证券市场自身体质强健之后，就有机会腾出手来去进一步发展和创新，以提高自己的竞争实力。

五、开拓创新（2009～），标志性事件：创业板推出，股指期货上市。随着市场环境的好转，2009 年 10 月 23 日，中国创业板市场正式在深圳证券交易所推出，首批28家创业板上市公司于10月30日正式上市交易。至此中国证券市场已形成主板市场、中小板市场和创业板市场比较完善的融资体系。另外2010年3月31日，证券公司融资融券业务正式推出，首批试点证券公司有国泰君安、国信证券、中信证券、光大证券、海通证券和广发证券。2010年2月20日，中国金融期货交易所发布沪深300股指期货合约和修订后的交易规则及其实施细则。2010年4月16日，股指期货正式上市交易。创业板的推出，完善了上市公司融资的体系；融资融券的开展，完善了股票投资方式；股指期货的推出，拉开了中国建立金融衍生品市场的序幕。

细观20年的风雨历程，中国证券市场是一个从低级到高级、从简单到复杂的曲折前进的运动过程，呈现出明显的螺旋式上升与波浪式前进特征。从两个交易所成立的“局部探索”阶段，到公司法颁布、证监会合并的“全面铺开”阶段，再到证券法颁布、上市公司治理运动的“立体规范”阶段和股权分置改革、券商综合治理的“固本清源”阶段，最后到创业板、股指期货推出的“开拓创新”阶段，中国证券市场20年的轨迹经历了一个从肯定到否定，再到否定之否定的发展过程，即从“局部探索”、“全面铺开”阶段的肯定，到“立体规范”、“固本清源”阶段的否定，再到“开拓创新”阶段的否定之否定。每经过一次否定，中国证券市场的发展都在原有的基础上前进一步，进入更高的阶段。未来，中国证券市场将会不断通过自身的完善，在曲折中无限向前发展。

《证券日报》社证券市场研究中心副主编赵学毅的新作《数说股事20年》，完全用翔实的数据和图表再现了中国证券市场20年发展的奇迹。上述五个发展阶段是对本书用数学说发展的一个补充，供业内人士参考。

是为序。

中国上市公司市值管理研究中心执行主任　刘国芳

2010年10月25日于北京

◇◇ 序二 ◇◇

20 年前的 1990 年，深圳证券交易所和上海证券交易所相继开张，结束的是新中国没有证券交易所的历史，翻开的是新中国资本市场崭新的一页。

20 年后的 2010 年，沪深两大证券市场已成为全球第二大市值市场，中国终于赢得了与自身的经济大国相匹配的资本大国地位。

回望过去的 20 年，仅仅 20 年啊，中国证券市场就以发展时间短、速度快、模式新、规模大、影响深，创造着世界资本市场上的一个又一个奇迹。在这些奇迹的背后，是许许多多令人难忘的事，许许多多贡献巨大的风云人物，许许多多高速成长的公司以及许许多多的财富神话故事……

今天，我们站在中国证券市场的历史拐点上，如何去素描奇迹，如何记录下这些奇迹，已成为摆在我们这些证券媒体报人面前的一件应该而且必须完成的任务。这是我们的义务，更是我们的责任！

用数据的方式，素描和记录中国证券市场上发生的一系列奇迹，应该是一个很好的创意！想起这个创意的同时我的脑子里出现了一件清晰的人，他就是笔者在《证券日报》多年的同事赵学毅先生。

学毅目前是《证券日报》社证券市场研究中心的副主编。之所以说学毅是合适人选之一，一是因为他拥有十分扎实的专业功底，同时拥有 10 年的证券市场数据研究经验，而且他本人还拥有敏锐的新闻眼光、淡定的心态、缜密的心思、踏实勤恳的工作作风……在这个稍显浮躁的年代和传媒业中，有能力的人很多，勤恳的人也不少，但既有能力又勤恳的人确实难寻。学毅应该就算这种"复合人"吧！

令我感动的是，从学毅拿出拟定的图书目录及思路框架给我看，到

《数说股事20年》全稿端到我面前，前后的时间也就是短短的两个月。如果没有长期的积淀，如果没有平时点点滴滴的积累，两个月就勾勒出20年的证券市场发展史，那简直是太不可思议了。正是学毅平常积“跬步”，才得以今日至《数说股事20年》这一“千里”地。

学毅的力作《数说股事20年》，以翔实的数据、丰富的图表真实再现了中国股市20年的风风雨雨，力求用数字勾勒股市发展史，做到用数据感受变迁，用图表解析玄机，用文字诠释反思，蝶变完成超越。

在本书的写作过程中，学毅多次与我商讨。本书，可以说既是对中国股市20年的成长及成果的史实记录，又是对上市公司、机构主力、普通投资者、监管层动态的扫描，还有对未来20年中国证券市场做强做优的一种企盼。当然，中国证券市场20年，时间跨度如此之大，概念题材如此之丰，远不是本书所能全涵盖，因此，《数说股事20年》存在种种不足，也是难免的。但是，本书对想全面了解和探讨中国股市发展的专家学者，对证券市场的广大投资者们，对财经新闻记者编辑们来说，都是一本不可多得的参考之书。

是为序！

《证券日报》社副总编辑

马方业

2010年9月9日夜

◇ 前言 ◇

2010年12月19日，中国资本市场将迎来它的20岁生日。这是一个非常值得纪念的日子，它对新中国第一代投资者来说，注定让人激动不已。20年前的这一天，上海证券交易所正式挂牌成立。

20年，足可以让娇嫩的幼苗抽枝展叶长成参天大树；20年，足可以让一只雏鸟变成翱翔苍穹的雄鹰；20年，足可以让滚烫的铁水淬炼成锋芒毕露的宝剑；20年，足可以让懵懂少年蝶变成温文儒雅的谦谦君子。20年的中国证券市场，在历经风雨，洗尽铅华后，更多表现的如青春少年走向成熟时的那份坚定与从容。

研究中国证券市场的20年，数据是最直接的渠道之一。在证券市场里，数据司空见惯，似乎比那些“内幕信息”、“专家评论”更能信手拈来，以致投资者可以对其熟视无睹。然而看似枯燥的数据往往暗藏着掘宝的玄机。因此，作为一个成熟的理性的投资者，应该永远把数据分析放在首位。对于在证券市场摸爬滚打了10余年的笔者来讲，探究数据背后的秘密，正成为自己人生的一大乐趣。

《数说股事20年》以纪实的手法对新中国股市20年的发展历程进行了全透视，以翔实的数据、精美的图表为基础，真实再现了中国股市所经历的风风雨雨。

全书共分为八篇：一至三篇，对股市20年的成长、成果及动因进行了公允的评析和真实的记录；四至七篇，分别从上市公司、主力机构、普通投资者、监管层4个角度，用大量的数据图表层层揭秘，既有珠联璧合式的完美配合，也有分庭抗礼式的争夺；第八篇，为读者勾勒了股市的下一个20年，在“新兴加转轨”的漫漫长路中，期待中国股市那朵怒放的新“玫瑰”。

书中时常穿插股海中叱咤风云的人物及相关故事，在娓娓动听的描述中，读者可以从一个新的角度洞悉股市的酸甜苦辣，并希望投资者在不断的反思中完成自己人生的又一个超越。

从孔雀厅里的锣声，到“8·10”事件；从股史上的最长熊市到刀尖上的舞蹈；从20年前12亿元的总市值，到目前23万亿元及6大行业龙头争夺国际话语权；从“小荷才露尖尖角”式的创新，到股指期货+融资融券，“芙蓉向脸两边开”；从开弓没有回头箭的股权分置改革，到如今的全流通时代；从上市公司简单的并购重组，到产业资本链式的并购；从五大机构心中自有一本“经”，到普通投资人的激情燃烧；从监管的“政策主导”，到当下的“政策引导”；从仅有的主板，到中小板、创业板的推出及发展……

这些方方面面都在诠释和记录着中国证券市场所走过的每一步。

或许笔者没有多高的天赋，没有多么深厚的笔力，或许写出来的故事不是最精彩的，不能让所有的读者满意……但笔者一直在努力用最大的精力去绘制每张图表，花最多的心血去讲述每个故事，拿最真诚的心去描绘一张张可亲可敬的脸孔。

还是用本书封面的那句话来结束本书前言吧：数据感受变迁，图表解析玄机，文字诠释反思，蝶变完成超越。

由于能力有限，本书难免有不妥或错误之处，真诚欢迎大家提出批评和修改意见。

赵学毅

2010年8月28日

目录
Contents

第二篇

A股市值跃居全球第二

第三篇

创新一二三“保驾”跨越发展

第四篇

上市公司：20 年 5 大奇迹

第八篇

下一个20年 时间沉淀与“玫瑰”怒放

第一篇

96点～6124点～2600点
股指20年沉浮的3个坐标点

在20世纪80年代那段经济懵懂的岁月里，中国股市在孕育中……

从新中国第一种有价证券面世，到上证所开市鸣锣，我们一走就是10年。

1990年12月19日，上海浦江饭店孔雀厅锣声传出，尽管低沉却穿透云霄，响彻全球。上证所正式挂牌成立了！中国证券市场终于落地生根了！

作为中国人，估计谁也不会忘记1992年的那个明媚的春天。有一位老人对中国证券市场的发展说出一句一言九鼎的话。

“允许看，但要坚决地试”。

这是智者发出的强音，更是时代发出的强音。中国股市吹响了集结号。“8·10”事件成为那个激情且疯狂年代的灰色大印记。

股指日涨幅达：105.27%！

股指日跌幅：18.63%！

中国股市20年历史上的涨跌之最就发生在那个激情似火的时代。

5个月，股指可以狂涨3.88倍，也可以暴跌74%，这是年轻股市的情绪；暴涨必暴跌，这是股市与生俱来的对称性；牛市炒绩优，熊市炒题材成为一种潜规则；股史上的最长熊市里，“五朵金花”依旧灿烂；戛然止步的快速致富美梦，让人们在梦醒时回味着刀尖上的狂舞的惊险与后怕……

20年，一段从青涩到日渐成熟的历程。7次牛熊转换，给了我们太多的激动和太多的领悟。爱恨交织中，我们可以通过数据图表的对比，领悟中国股市大熊底及大牛顶的点点奥秘。

◇◇◇◇◇1990 年上海起锚◇◇◇◇◇

1949 年，随着中华人民共和国国歌响彻全球，在世界的东方，新中国成立了；1990 年，尉文渊敲响上交所开市锣，奏响了新中国资本市场宏伟乐章的开篇。至今，上海证券交易所已经走过了 20 年，对中国乃至全球经济的影响正在日益加深。

1. 证券市场的 10 年试点

让我们坐上“时间穿梭机”，重回 20 世纪 80 年代。

1981 年，我国政府开始发行国库券，成为新中国第一种有价证券。那个年代，有价证券还是一个十分新鲜的事物，在老百姓心中，国库券是一种能让钱比存银行回报更高的新鲜玩意儿。1983 年，中国第一家股份制企业深圳宝安联合投资公司成立。1 年后，新中国的股票正式面世，在 1984 年 7 月，北京天桥股份有限公司和上海飞乐音响股份有限公司经中国人民银行批准向社会公开发行股票。

1986 年 9 月 26 日，对于中国资本市场来说是一个重要的日子，中国第一个证券交易柜台——静安证券业务部开张，标志着新中国从此有了股票交易。上海静安证券业务部作为中国证券史上的一个里程碑，拉开了证券流通的序幕，为证券交易所最终成立埋下伏笔。新中国第一股——上海飞乐音响股份有限公司在南京西路 1806 号静安证券业务部正式挂牌买卖，当天上市的 100 股股票不到一个半小时即被抢购一空。

同年 11 月 14 日，我国改革开放“总设计师”邓小平在人民大会堂会见美国纽约证券交易所董事长约翰·凡尔霖时，向来宾赠送了改革开放后我国公开发行的第一只股票——一张面额为人民币50元的上海飞乐音响公司股票，成为我国股票市场发展史上的标志性事件之一（如图1-1所示）。约翰·凡尔霖成为第一位拥有中国股票的外国人，回国后，他将这张中国股票镶嵌在镜框里，连同他与邓小平的合影，一起挂在了交易所大厅的墙壁上。

图1-1　1986年11月14日，邓小平向纽约证券交易所董事长约翰·凡尔霖赠送一张上海飞乐音响股份有限公司的股票

图片来源：新华社

20世纪80年代有价证券的买卖已不仅仅出现在证券业务部里。1986年5月8日，沈阳信托投资公司率先开展了债券买卖和抵押业务；到1988年，全国61个大中城市开放了国库券流通市场；1989年，全国有100多个城市的400多家交易机构开办了国库券转让业务；1990年，全国累计发行各种有价证券2 100多亿元，累计转让交易额318亿元，中介机构网点达到1 600多家。

20世纪80年代，证券市场在试点过程中积累了丰富的经验；90年代初，经济、金融领域的治理整顿为证券市场的良性发展创造了必要的环境。深沪股票交易柜台制度设计的缺陷以及股票场外交易的广泛存在，要求尽快建立集中的股票交易市场。

2. 两位留美学者热情倡议

1988 年，在大洋彼岸的美国，一批留学美国的青年学者已经在纽约证券交易所的历练中，设想着中国证券市场的雏形了。

王波明和高西庆相识于华尔街，他们组织了一个中国旅美商学会，成员主要是攻读商科的学生，人才济济。在华尔街里耳濡目染，这些青年学者对建立证券交易市场跃跃欲试，称自己是“促进中国证券发展委员会”，热情倡议建立资本市场。

当年 4 月，王波明和高西庆带着《关于促进中国证券市场法制化和规范化的政策建议》从纽约华尔街回到了北京。正是“出国热”、“留学热”方兴未艾的时候，这两位在美国已经功成名就的青年学者选择回国一时成了新闻。

王波明和高西庆事先预料到建设中国证券市场的艰难，两人都没拿已经唾手可得的美国绿卡，自绝后路。那个夏季，两人一人一辆自行车，在各大部委和大型企业间四方游说。很快，王波明、高西庆这两位证券市场的专业人士和倡导者被起用。

1988 年 9 月 8 日，“金融体制改革和北京证券交易所筹备研讨会”在北京万寿宾馆召开，王波明、高西庆受邀参会。会议囊括了像中央财经领导小组、计委、体改委、人行、财政部、外经贸部、国务院发展研究中心等中国经济界最有实权的机构，还有数家中字号的信托投资公司。会议的发起者之一，是时任中国农村发展信托投资公司总经理的王岐山。

那次会议的最大成果，就是会后编写的《关于中国证券市场创办与管理的设想》。中国证券业结构的整体框架就此勾勒出来。

国务院给出了开创中国证券市场的路线图：先由基层自发研究，然后变自发为国家有组织地研究和筹划。这在后来被称为“民间推动，政府支持”。

1989 年 1 月 15 日，中国农村发展信托投资公司等 9 家“中字号”公司各出资 50 万元，组建“北京证券交易所研究设计联合办公室”，成为中国证券市场的民间推动力量。这也就是后来被中国股市先行者们津津乐道的“联办”。

3. 1990.12.19 孔雀厅响锣声

1990年春，当时身兼上海市委书记和市长两职的朱镕基访问美国、新加坡等地。在抵达最后一站香港时，朱镕基在一个记者招待会上不动声色地说：上海证券交易所将在年内成立。

早在1990年1月，王波明、高西庆等人就开始着手筹建上海证券交易所的工作。之后的两三个月里，他们又跑到深圳参与深圳证券交易所的筹备。1990年6月29日，时任人民银行上海分行金管处正处级副处长、年仅35岁的尉文渊接手筹备组。在随后的5个多月的时间里，尉文渊和他的同事们应对着千头万绪、纷繁复杂的工作，承受了巨大的压力。功夫不负有心人，尉文渊成为揭开新中国第一家证券交易所面纱的第一人。

在许多老上海的记忆里，浦江饭店内500平方米的孔雀厅，是洋派、华丽和摩登的代名词。浦江饭店原名礼查饭店，始建于公元1846年（清道光26年），是上海开埠以来乃至全国第一家西商饭店，它曾经是上海最豪华的饭店，也是远东最著名的饭店之一。1990年12月19日，上海证券交易所在孔雀厅正式挂牌成立（如图1-2所示），时任上海市委书记兼市长的朱镕基致开业词，时任副市长黄菊、时任香港贸发局主席邓莲如女士、时任国家体改委副主任刘鸿儒等出席，上交所第一任总经理尉文渊敲锣开市。尉文渊，成为当时全球最年轻的交易所老总。

国际上的证交所开市有敲钟的，有摇铃的，中国的证交所自然要有中国特色，尉文渊花600多元从上海城隍庙的旧货市场淘来了一面铜锣。“那个锣的声音比较闷一些，声音偏低沉，不是我们想象中很荡气回肠的样子。它带点沉闷的感觉，所以开市的时候我就拼命地敲，我要把它敲响。”这是尉文渊敲响开市锣的最直接感受。至今，这面背负历史意义的铜锣仍静静地伫立在中国第一家证券博物馆“历道证券博物馆”的一角。

图 1-2　1990 年 12 月 19 日上午 11 时，新中国第一家证券交易所——上海证券交易所横空出世，进一步向世界传递了中国改革开放的信息

图片来源：新华社

从飞乐音响发行到上海证券交易所的成立，中国股市从无到有，一次次冲击着人们的固有认知和思想禁忌，包括对社会主义和资本主义、对计划经济与市场经济、对所有制形式、对分配制度、对财富的态度……

4. 沪深 “两兄弟” 并肩行

上海证券交易所终于开市了，采用了先进的电脑交易系统，使交易的指令传输、撮合成交、证券过户、清算交割、信息检索与储存高效运作。1990 年 12 月 19 日当日，上海证券交易所里有 30 种证券上市，其中国债 5 种、企业债券 8 种、金融债券 9 种、股票 8 种。

当时上市交易的 8 只股票，分别是飞乐音响、延中实业（现方正科技）、爱使股份、真空电子（现广电电子）、申华实业（现申华控股）、飞乐股份、豫园商城、浙江凤凰（现 ST 方源），被称为“老八股”。第一笔交易对象是真空电子，由海通证券公司抛出，不到 3 秒钟便被万国证券公司抢去，被宣布无效。再次竞价，申银证券公司吃进，成交价 365. 70 元。上海 3 大券商，就这样以不同的“姿态”露出了自己可爱的脸。

上海证券交易所成立两年后，便拥有全国各地会员171个，上市股票38种，上市股本44.36亿元人民币。1992年12月16日，上海证券交易所的行情电脑系统和路透社的综合数据网络正式联通。上海证券交易所的A股和B股的牌价瞬间即可通过网络向全球传送，成为中国首家联通路透社网络的交易所。紧跟着上海的步伐，深圳证券交易所也很快诞生，1991年4月3日，深圳全部股票正式进入证券交易所集中交易，同日，深圳股价指数开始发布。

两地证券交易所的相继成立，正如两兄弟，带来中国股票市场的大发展，中国老百姓在经过对股票的短暂“恐惧”之后，瞬间迸发出集体的狂热，投资意识也从那时候开始出现。虽然至今还有很多人认为股市的成立是为了国企解困，但看看股市现在的发展就知道，中国股市已经越来越成为国民经济的重要组成部分。

对于中国人来说，谁也不会忘记1992年那个令人激动的春天。邓小平针对证券市场提出，“允许看，但要坚决地试”，破除了思想和理论障碍，推动资本市场发展迈出关键性的步伐。这是智者的声音，也是时代的声音，中国资本市场可谓天时、地利、人和，投资体系呈现出良好态势和勃勃生机。

中国人从对股票完全陌生，到心怀疑虑，再到后来发展到了几乎全民炒股式的集体狂热……每一天，股市都在演绎着新故事新传奇，有喜亦有悲。

◇◇◇◇◇最初那疯狂的两年◇◇◇◇◇

恐惧——缘于对新事物的不知。

股票发行之初，老百姓都不敢尝试购买，以至于新股的认购证都需要用摊派的方式才能发行。不过，大家很快就发现，一张小小的认购证，竟然可以改变一个人的财富人生。

1. 1991 年，空气里到处弥漫着的热情与狂喜

在交易所成立的第一个年头里，一些传说和故事在围绕着股市飞翔，成为人们茶余饭后的谈资……

1991 年，刚刚大学毕业的两位小姑娘合伙凑了 4 000 元钱，在上海购买了 66 张认购证，几天后，她们就以 16.5 万元的价格转手。以此为起点，两个人后来都有了千万元身家。

上海和深圳，这样的故事真是太多太多了！它们在不断地刺激着中国百姓发财致富的热情和投资股票的热情。当时在广州社科院经济研究所做研究的卢晓媚在日记里是这样写的："上万的人顶着烈日蜷缩在储蓄所门前的水泥地上，矿泉水瓶子、快餐盒子扔得到处都是。"

1991 年 6 月，上海浦江饭店门外站着不少投资者，他们在议论着该不该买股票和买什么股票。到了 7 月，大家已经没什么可以议论的了，因为市场每天单边上扬，而且都涨停在 0.5% 的涨停板上。由于普遍惜售，像凤凰化工由前一周成交的 6 280 股，缩小到这一周成交 55 股。

每天空涨不是个办法，上交所在当年 9 月 30 日开始以成交量调控股价，如果当天成交量不到其可上市交易量的 0.3%，当天就不涨。上有政策，下有对策，总会有人做出些"贡献"，凑足成交量，然后股价继续向上。于是，出现了世界股市上难得一见的奇观，证券公司每天聚满人群，看着行情大屏幕，像久旱盼甘霖那般等待几股或十几股的成交量，最后积累成功。延中实业 2 800 股，真空电子 1 500 股，大飞乐 400 股，爱使电子 85 股，申华电工 110 股，小飞乐 65 股，豫园商城 40 股，凤凰化工 2 140 股，股价上涨，大家欣喜若狂，一齐鼓掌。

此时的深圳市场却是别样的景象。深发展的扩股遭到股民的反对，1991 年 8 月 11 日其股价曾狂跌 41.6%，在证券公司前的一名妇女目睹此景当场晕倒。9 月 6 日，深指已从全年最高点 136.9 点跌至最低点 45.6 点。当地政府一边实施 2 亿元资金秘密救市行动，一边采取取消涨跌停等多种市场化方法，终于使市场反转。

《股疯》是这一时期内地与香港合作拍摄的一部现实题材的电影，用轻喜剧的形式充满善意地描绘了 20 世纪 90 年代全民炒股的疯狂热潮。在轻松平缓的叙事语气之中，透露出商业大潮和经济利益对普通民众的冲击。通过对股票市场的涨落起伏和人们生活的戏剧变化，从侧面流露出中国民众对于经济观念的转化。《股疯》虽然有很多戏剧性的夸张，但却深刻描绘了当时市井百姓被疯涨的股市严重扭曲了的心态。王汝刚这个暴发户，显示出“有钱老子天下第一”的趾高气扬的态度；潘虹成了股市红人后买啥涨啥后的春风满面；王华英股市受挫一蹶不振回家拿老婆孩子出气的英雄气短，当然最重要的是对那群把自己一辈子血汗钱交给潘虹投入股市的伯伯阿姨爷叔姆妈们的刻画，那是最能表现当时整个社会炒股致富的都市众生图。

2. “8·10” 那场噩梦

1992 年 8 月 7 日，深圳市人民银行、工商管理局、公安局、监察局发布了 1992 年新股认购抽签表发售公告，宣布发行国内公众股 5 亿股，发售新股认购抽签表 500 万张，凭身份证认购，每一张身份证一张抽签表，每人一次最多买 10 张表。然后将在适当的时候，一次性抽出 50 万张有效中签表，中签率为 10%，每张中签表可认购本次上市公司发行的股票 1 000 股。在这之前，消息灵通人士已经暗中开始身份证搜集大战。一连数天深圳的电话线路大堵塞，占线的都是内陆长途，邮局的特快专递和包裹，多是一捆一捆的身份证。公告发布当天，全市 300 个发售点就已经开始有人占位。全国各地四面八方的寻梦者急奔深圳，广州至深圳的火车票根本就买不到了，来往于两地之间的大小巴士，票价比平时涨了好几倍，也丝毫未能阻止蜂拥而至的人潮。

公告预告，8 月 10 日上午开始发售抽签表。8 月 8 日一大早，各个发售点已经排起椅子板凳大长龙。到了晚上，长龙又加入了凉席、折叠床，虽然蚊虫肆虐，但熬夜排队的人们却斗志昂扬。9 日，整个深圳满街满巷都是人潮，人们身上揣着大把的身份证和钞票，到处在排队，人人都指望抢到一个发财的机会。经过整日暴晒，人潮反而越聚越多，越来越密，每个发售点都是里三层外三层，傍晚雷雨临头，湿气蒸腾，阵地依然固若金汤。据不完全统计，发售抽签表前夕，排队的人潮达到 150 万（如图 1-3 所示）。

图 1-3　深圳新股认购中，有来自全国的一百万人参加了发售前的排队

图片来源：新华社

在那一天，抢购股民证的众男女只好前胸贴后背，一个紧抱一个，在利益面前放弃了人与人之间的距离和尊严（如图 1-4 所示）。在那一天，专程从江西赶来的小伙子在发售前半小时被挤出列，他手里攥着身份证和钱绝望地喊道："我排了两天两夜的队啊……"

深圳警方倾巢出动，在人山人海中维持秩序。因警力不足，边防部队，武警部队出动增援，混乱局面得到了一定控制。

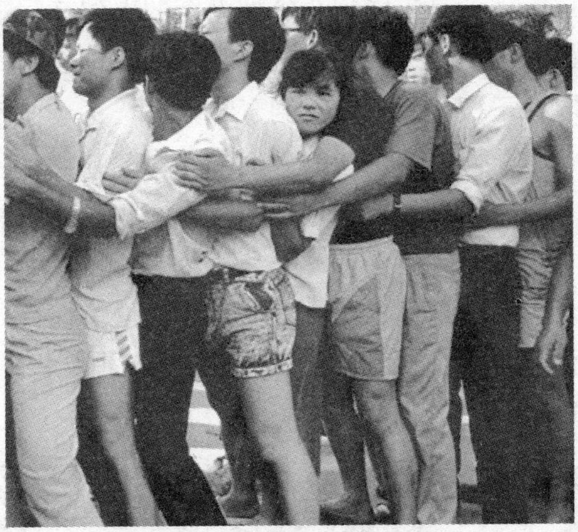

图 1-4　抢购股民证的长队秩序极度混乱，
众男女只好前胸紧贴后背，一个紧抱一个，唯恐有人插队

图片来源：新华社

但是，少数执法人员和工商，证券从业人员利欲熏心，在一些发售点公然徇私舞弊，刚开始发售不到半个小时即宣布售罄，使大量忍辱受难日夜排队的民众美梦成空，导致了 8 月 10 日傍晚在深南大道，一些人上街游行请愿要求见市长，并与公安干警发生冲突，多辆警用及民用车辆被砸坏烧毁，警方不得已使用高压水枪及催泪弹驱散人群。后经查实，在深圳市 300 个销售点中，有 95 个点受到群众举报，到当年 12 月 10 日，自查内部截留私买的抽签表达105 399张。

“8 · 10” 事件成了深圳股市当年最大的利空消息，早先普遍认为新股抽签表发售势必牵动人气的乐观估计被事实击得粉碎。股灾过后，行情显示屏上尽是卖盘，股价下跌，熊市就这样降临了。

深圳 “8 · 10 事件” 的出现，惊动了各有关部门。中共中央和国务院领导也感到了问题的紧迫性，意识到成立一个专门监管机构的必要性和重要性，于是就采取了特殊的办法，加快了研究建立统一监管机构的步伐。国务院紧急做出反应，决定成立专门的证券监管机构，由此产生了由 13 个部委组成的国务院证券委，另在当年 10 月 26 日成立中国证监会，负责日常监管和决策执行。1992年10月12日，国务院办公厅下发《关于成立国务院证券委员会的通知》。《通知》的主要内容是：国务院证券委主任由国务院副总理朱镕基兼任，副主任为刘鸿儒（兼任）、周道炯，由13个部委和最高检察院的部门负责人担任委员。同时国务院决定成立中国证券监督管理委员会，受国务院证券委员会的指导、监督检查和归口管理，刘鸿儒任证监会主席。

因为“8·10”事件，深圳市场是够得上“关门”条件的，尽管深圳市场没有关门，却从此元气大伤，直到1996年才打起精神再度与上海竞争。“8·10”事件也引发了上海股市的暴跌。

不能不说，股市的初始发展阶段，对中国股民来说是一场梦，一场充满惊喜的噩梦。深交所的第一代股民，在1992年的那场“股市风暴”中给中国股市好好地上了一课，对中国股市以后的走向有深远意义。

但遗憾的是，深交所第一代股民发财的确实很多，但到目前很多已经“销声匿迹”。有的转行做公司或者投入其他行业；更多的人先一夜暴富，然后挥霍无度，如今和普通市民没什么两样。

深圳国信证券公司一位研究股市有近20年经验的人士表示：中国股市发展初期决定了这些人暴富，同时又不能长久的富裕。20世纪90年代初，市场经济才刚刚起步，市场机制很不完善。第一代股民暴富但又很快销声匿迹的原因有股民自身和政策、机遇的因素，也有中国当时所处的特殊时代背景的因素，是一个时代的综合产物，这些经历对中国的股市发展有很大的启迪作用。

3. 5个月暴涨388.11%，5个月巨跌74%

1992年，从沪深两市股指的变化也能透视出那个年代的疯狂。

1992年1月2日，上证综合股价指数报收292.76点，为1992年最低点；5月26日上证综合指数升至1429点，成为1992年最高纪录，不到5个月的时间足足上涨了3.88倍；11月17日，上海联农股份有限公司人民币股票上市，上证综合指数跌至放开股价后最低点374.49点，又是5个月的时间，下跌了74%，收盘点位几乎和10个月前持平。

深圳证券市场亦如此，1992年1月16日，深圳综合指数下探107.08点，为全年最低；5月26日，深圳股价指数创1992年最高点，当日收市达312.21点，5个月时间上涨了2倍；当年“十一”假期后，深圳股价开始长达两个月的下跌，下跌幅度深达37%。这种疯狂也体现在成交量上，截至1992年5月31日，深圳证券交易所股票成交历史总金额突破100亿元大关。

中国股市历史上的涨跌之最也多发生在这个时期。

1992年5月21日，上证综指从616.99点涨到1266.49点，日涨幅达105.27%。直接原因是股价的全面放开，不再实行每天1%的涨幅限制。1994年8月1日，深综指从96.56点涨到126.77点，日涨幅为31.29%。直接诱因是管理层出台的严格控制发行与上市规模、研究设立中外合作基金与证券经营机构等救市政策。

股指跌幅最大的交易日中，沪市在1995年5月23日，上证综指从897.42点跌到750.30点，跌147.12点，日跌幅为16.39%。停止国债期货导致“5·18”井喷行情见顶。1991年11月18日，深综指从128.05点跌到104.20点，跌幅为18.63%。

◇◇◇◇◇爱与恨的7个轮回◇◇◇◇◇

有关股市的争论从其诞生的那天起，就从未停止过：20年股市，中国证券市场到底带给投资者多少回报？有多少家上市公司经受住了时间的考验，成为让人景仰的企业？又有多少股票令投资者血本无归？

回首20年的中国股票走势，让我们随着7个轮回的大起大落（如图1-5所示），去体验一次次过山车般的刺激感受……

图1-5　上证指数20年日K线图。中国股市7次牛熊转换，俨然成为7个轮回

1. 第一轮回：年轻的股市，波动的情绪

中国股市第一波牛市：1990年12月19日—1992年5月26日，历时1年零4个月。

上交所正式开业以后，历时两年半的持续上扬，终于在取消涨跌停板的刺激下，一举达到1 429点高位。不到5个月的时间足足上涨了3.88倍，尤其是1992年5月21日，上海股市交易价格限制全部取消，在这一利好消息刺激下，大盘从616.99点直接跳空高开在1 260.32点，较前一天涨幅高达104.27%，这也是上证指数首次突破千点大关。此后仅仅3天时间，各只股票价格都呈现一飞冲天的走势，平均涨幅为570%。其中，5只新股更狂升2 500%至3 000%。

中国股市第一波熊市：1992年5月26日—1992年11月17日，历时6个月。

冲动过后，市场开始价值回归，不成熟的股市波动极大，仅半年时间，股指就从1 429点下跌到386点，跌幅深达74%。投资者第一次接受了真切实在的风险教育。

第一波牛市和熊市最明显的特征就是波动极大。股市起步时期，市场规模小，不管是管理层还是市场参与者都经验缺乏，上涨下跌完全取决于市场信心。这或许就是成长的代价。

2. 第二轮回：有因就有果，暴涨必暴跌

中国股市第二波牛市：1992年11月17日—1993年2月16日，历时3个月。

半年的跌幅，3个月就全部涨回来，从386点到1 558点，涨幅达303.63%。这段神奇的上涨，令投资者从紧锁眉头到喜上眉梢。

中国股市第二波熊市：1993年2月16日—1994年7月29日，历时1年零7个月。

在快速牛市瞬间完成后，股市的大扩容也开始了，伴随着新股的不

断发行，上证指数也逐步走低，在失守777点这个关键点位后，大盘再度一蹶不振的持续探底。其实，1993年开始，各种利空消息不断，经济宏观调控，抑制过热投资和通货膨胀宣布正式开始，整个证券市场资金出现大面积退潮，这是中国股市周期最长，下降幅度最大的一次熊市。从1993年2月的最高点1558点，到1994年7月的最低点325点，累计跌幅达到79.13%。部分资金撤离股市势在必行，对股票的需求进一步锐减。

第二波牛市和熊市最明显的特征就是上涨极快，暴涨之后有暴跌，股市具有对称性，这次股灾和2008年有相似之处。股市的第二个轮回和1993年国务院实施金融整顿、银根收紧密切相关。这次牛熊转换带来的“成果”是上市公司数量快速膨胀。

3. 第三轮回：调控的无形大手

中国股市第三波牛市：1994年7月29日—1994年9月13日，历时1个月零15天。

为了挽救市场，1994年7月30日，相关部门出台3大利好救市，年内暂停新股发行与上市，严格控制上市公司配股规模，采取措施扩大入市资金范围。从政策面到基本面的一派暖风，终于令股市见底回升。股市出现8月份的上涨狂潮，上证指数从当年7月底的333.92点，上涨至9月的1052.94点，两个月之内涨幅高达215.33%。

中国股市第三波熊市：1994年9月13日—1996年1月19日，历时1年零4个月。

随着股价的炒高，市场的风险也随之加大，有一双无形之手将股市打低，在1995年5月17日，股指已经回到577点，跌幅接近50%。但1995年5月18日，股市受到管理层关闭国债期货消息的影响，开始全面暴涨，短短3天时间股指就从582点上涨到926点。但政策救市往往是短暂的昙花一现，短暂的暴涨过后，股市重新下跌。从1995年8月至1996年1月19日，股指达到阶段低点512点，跌幅达到51.33%，绩优股股价普遍超跌。正因为绩优股超跌，致使新一轮行情条件具备。

股市的第三个轮回，源自市场无形之手的力量。熊市是投资者对低价大盘股畏惧的心理造成的，这种心理阴影要顽固很多，致使市场走出熊市时，人们却无法摆脱心理上的困扰。许多投资者直到1996年下半年，才真正敢于承认牛市全面展开这个事实。1996年初，深沪两市的平均市盈率仅16.3倍，其中深科技A市盈率6.45倍，深发展A市盈率7.14倍，四川长虹市盈率只有3.29倍，按当年1年期存款利率9.18%计算，10.80倍市盈率以下的个股，投资价值已经超过银行1年期存款。这组数据表明，牛市的归来必然由绩优股发动，并且势不可挡。

4. 第四轮回：牛市炒绩优，熊市炒题材

中国股市第四波牛市：1996年1月19日—1997年5月12日，历时1年零6个月。

1995年底，抑制经济过热和通货膨胀的目标已经到位，新一轮刺激经济增长的跳空即将展开，比如降息，这成为牛市到来的决定性因素之一。崇尚绩优开始成为市场主流投资理念，在深发展等股票的带领下，股指重新回到1510点。从1996年4月1日算起，至12月12日，上证综指涨幅达124%，深成指涨幅达346%，涨幅达5倍以上的股票超过100只。两只领头羊深发展从6元涨到20.50元，四川长虹从7元涨到27.45元。12道金牌压制狂热投机；1997年7月香港回归和9月十五大召开，市场盛传政府不会让股市跌下来等鼓动性言辞，促使市场渐趋疯狂，入市者蜂拥，根据上证中央登记结算公司数据显示投资者开户数猛增；1997年4月24日，证监会确立1997年为“证券期货市场防范风险年”；1997年5月10日，印花税率从3‰调至5‰，可当天市场成交量再创新高……

这次牛市让投资者认识到，牛市不言顶，管理层的打压并不会轻易绊倒牛蹄。

中国股市第四波熊市：1997年5月12日—1999年5月18日，历

时 2 年。

从基本面看，亚洲金融危机及过度投机直接导致大熊的到来。在绩优股得到了充分炒作之后，到 1999 年 5 月 18 日，股指已经跌至 1 047 点，投资者经历了两年的漫长熊市，累计跌幅达到 30. 84%。在管理层连续“规范”下，到 1997 年 8 月下旬，市场终于挤干了泡沫，但是也随之步入近两年的牛皮盘整。在这轮调整行情中，如果不炒作资产重组股的话，一定是亏多赢少，因为上轮牛市中的明星绩优股和低价股，在这轮调整中步入了漫长的阴跌过程，四川长虹和深发展纷纷腰斩。

第四波牛市和熊市透出这样一个信息：牛市炒绩优、熊市炒题材。中国股市由投资狂热到充分感受金融危机的影响，这个轮回里，不知是投资者伤害了股市，还是股市伤害了投资者。

5. 第五轮回：大“熊”盘踞 4 年

中国股市第五波牛市：1999 年 5 月 19 日—2001 年 6 月 14 日，历时 2 年 1 个月。

随着 A 股迎来具有纪念意义的“5·19”行情，市场的牛蹄再度飞扬，在 1999 年 5 月 18 日至 6 月底的短短一个半月时间，沪指上涨将近 70%，1999 年 6 月 30 日上证指数上攻至 1 756 点。突破此前高点 1 588 点。网络概念股的强劲喷发将上证指数推高到了 2 245 点的历史最高点。

从基本面看，1999 年起，宏观经济开始有好转迹象，但是这轮大牛更多的是国企解困的推动。1997 年党的十五大透露了经济所有制大改组的信息，国企股份制改造即将推开，领导干部要讲政治，股民更要讲政治，只要深刻理会十五大精神，就会意识到 1999 年的大牛市就在眼前了。从 1999 年 5 月 19 日到 7 月 1 日，沪市涨幅 68%，所有人都看好并毫不畏惧，这时空头的能量开始释放；2000 年的大牛股都是资产重组的小盘低价股，如海虹控股；2001 年 2 月 19 日，管理层放开境内居民投资 B 股限制，引发 B 股井喷。2001 年初，吴敬琏 A 股赌场论引发的全民大讨论。笔者也有幸参与了那场厉以宁、萧灼基、董辅礽

（已经病故）、吴晓求、韩志国等经济学家组织的追讨会，感受颇深。股市就是故事，故事开讲要入戏，故事散场别当真。

中国股市第五波熊市：2001年6月14日—2005年6月6日，历时4年。

“5·19”行情过后，市场最关注的就是股权分置问题。股指也从2245点一路下跌到998点，4年时间股指下跌55%。

在这煎熬的4年里，先是2001年初，“中科系”和亿安科技雪崩；自2001年7月起，股市开始一轮暴跌，究其原因除了市场环境的恶劣、估值的相对高企之外，国有股减持首当其冲；接着银广夏事件、蓝田事件；券商在这轮漫长的熊市中日子难挨，部分券商倒闭；紧接着便是德隆系的覆灭，股民最终喊出“远离毒品，远离股市”的口号。到2005年6月3日，两市200多只股票跌破净资产，600多只股票创历史新低，股价1元以下股票9只，沪深300市盈率14倍，而美国道琼斯当时市盈率18倍，日经225指数市盈率也有17倍。

这轮熊市，完全和宏观经济背离，原因有多方面，主要是国有股减持的预期导致，显示了中国股市的特殊一面；4年熊市，几乎每年都有一轮行情，比如2003年10月至2004年4月，股市从1307上涨到1793点，上涨幅度达36%。在这轮行情中，银行、有色、钢铁、石化、汽车5个板块涨幅巨大，被誉为熊市中的“五朵金花”。这种行情和2008年底大小非减持环境下，市场主力在中小板和中小市值股票发动结构性牛市有异曲同工之妙。

6. 第六轮回：刀尖上的舞蹈

中国股市第六波牛市：2005年6月6日—2007年10月16日，历时2年零4个月。

随着股改的启动以及逐步实施，一轮波澜壮阔的大行情也越走越高，最终到达6124的高点后戛然止步，历时2年零4个月。从998点到6124点的新高，让无数新股民做了一场一夜暴富的黄粱美梦，而梦醒时分，却在3000点的沼泽地里痛苦挣扎。2006年，大盘蓝筹是上涨的主力，股价的变动不大，而到了2007年的前4个月，轮到了小盘股狂涨，短短4个月，小盘股和低价股指数分别上涨了133%和165%。2007年5月30日上调印花税，引爆了权证市场的第二波疯狂炒作，因为权证交易不交印花税。这一次牛熊市我们经历了上半场，下半场的走势又将会如何呢？

中国股市第六波熊市：2007年10月17日—2008年10月28日，历时1年。

随着美国次贷危机不断向深处发展以及有色金属从高位回落，原油价格持续高涨、通货膨胀不断加剧，央行不断上调银行准备金利率都成了这次熊市的根基，1年时间上证综指跌幅70.92%。2008年4月，指数在3400左右时，管理层动用媒体与机构们进行了第一回合的较量，管理层的吼叫瞬间淹没在哭叫声中，毫无威慑作用，多头死守第一权重股中石油的发行价16.7元。然而历史表明大凡这种死守，均以失败而告终。2008年9月18日3大利好救市，类同于1994年325点的走势，极有可能成为大底，可是市场还是走出了一个空头陷阱，直到1664点才止跌。

在股市的第六次轮回中，推动市场上涨的核心因素主要在于：股权分置改革，人民币升值，资产价值重估及上市公司业绩快速增长。但是没有只涨不跌的股市，当一切正悄然发生变化时，那些对此轮牛市起到关键作用的因素却成为快速下跌的隐患。股改初步完成的同时，大小非解禁的高潮却不断临近，恐怖的解禁压力，和大小非极低的成本成为股市下跌的一大原因。人民币升值的同时，热钱不断涌入，加上股市快速上涨的泡沫，通胀形势越发严峻，央行不得不采取从紧的货币政策，加速了股市的下跌。原材料价格的上涨，出口政策的变化，投资收益的大幅缩水，企业业绩高增长的预期成为泡影，中国股市迎来短时间的快速下跌，至2008年10月28日，上证指数已从6124点跌至1664点，跌幅超过70%。对于投资者来说，4000点到6000点的狂涨，绝对是股灾，因为偏离公司的价值太远了；从6000点的高点跌到1600点，绝对是灾难，因为眼睁睁看着口袋里的银子蒸发了。机构投资者在当时的股市生态之下，只能起到助涨助跌的作用，他们反而成为市场不稳定的真正因素。

7. 第七轮回：遭遇全球金融危机后

中国股市第七波牛市：2008年10月29日—2009年8月4日，历时10个月。

金融危机使许多人对于金融衍生品的看法发生了180度的大转弯，对于资本市场的未来自然有不同的看法。在中国，宏观调控显成效，投资者信心逐步恢复，维稳效果初步显现——3重因素撬动中国股市的第七轮行情高歌猛进。从1664点，一路上涨至3478点，股指猛增一倍；所有A股全部上涨，其中1257只股价实现了翻番，占比超过8成。

在这10个月里，先是国务院公布4万亿的投资计划和“金融九条”给市场带来了两拨称得上的反弹，最终在2008年12月31日，上证指数以1820.81收盘；2009年4月，甲型H1N1的蔓延，让全球股市都受到“感染”，但制药企业为此而销量大增，成了股市中一个被爆炒的板块，大量游资涌入。

中国股市第七波熊市：2009年8月5日至今，上证指数在2009年8月5日—2009年8月31日期间，累计下挫23.15%。究竟是因为什么会出现这次猛跌？比较能对付的回答是，股市涨多了就会跌跌，跌多了就会涨涨，这种回答也显露出绝大多数股民的无奈。其实，还有一个原因——市场知道没钱来了。2009年1—6月，国内的信贷投放是每个月1万多亿，合计信贷投放7.3万亿，虽然也有人对这样的放贷是否能持续表示过怀疑，但事实表明银行就这么做了，坚持了半年。每个月初，当市场了解到又有1万多亿放出来后，知道有一部分必将会进入股市，数量在千亿级，有援军要来买股票，个股纷纷被推高，如此反复直至7

月底。期间虽然大家都知道这种速度不可能持续，但是都不知道减少的话会减到什么程度，市场也是在走一步看一步，在等变化的结果。2009年8月初，当得知7月的信贷是三四千亿，不足6月零头的时候，出现了8月的大阴线，市场向下寻求4 000亿至6 000亿的平衡支撑区域。2009年8月的下跌如此之强，以致于1年之后都未能涨回来。在2010年4月15日至7月1日，大盘再度深度探底，52个交易日下跌了25%。到2010年8月31日，上证指数收盘2 638.8点，与2009年下跌前的8月4日最高为3 478.01点相比，还有839.21点的差距，上涨空间13%~24%。

8. 大熊底大牛顶3大玄机

通过20年多达7次的牛熊转换，我们可以归结出投资者必备的两大素质，而且可以揭开中国股市大熊底及大牛顶3大玄机。

投资必备的两大素质：

其一，炒股最重要的是心理素质。股市里能够买在低点，抛在高点，最终能够盈利的股民很大程度上是赢在成熟的心理素质上，赢在其正确的价值观念上。只有成熟的投资者，才能凌驾于恐惧、贪婪和希望之上。

其二，准确实时判断股市性质。股改前，说中国股市是政策市，是非常准确的；股改之后，股市的价值中枢已不再由政策决定，股票市场全流通时代，将会变成证券资本和产业资本大博弈的平台。

中国股市大熊底及大牛顶的玄机：

从估值面上看，大牛市顶部多发生在市场平均市盈率50倍之上，60倍市盈率是绝对的高危区；大底部都在市场平均市盈率15倍左右，大量的股票破发行价、增发价，破净资产。

从资金面上看，大牛市顶部连续加息、基金窗口指导、暂停新基金发行、大盘股不断上市或者大额度融资，而大熊底部多是连续的降息，加大基金发行力度，力压IPO冻结，否决所有大额的融资计划。

从心理面上分析，在顶部，市场不断找寻泡沫支持的理由，几乎没有机构看熊市场，一致性的看好市场的持续走好，基金和股票开户数连创新高，特别是周围从不关心股市的人开始纷纷入市；而在大底部，市场一开始绝不会相信牛市已经结束，其中的几次反弹都会带来新的憧憬，到开始绝望不顾一切的抛售，再到对任何利好都漠不关心且不看好，对经济前景极度绝望和恐惧。

2009 年初是救火撒钱，2010 年初的调子听上去似乎不同，股市表现谨慎当属正常。2010 年 4 月 23 日，上证综指再次跌落至年线之下，到 6 月底，上证指数离年线的距离越来越远了。尽管人们不愿意承认这是熊市，但还是提醒投资者，准备拥抱熊市行情吧。

第二篇

A股市值跃居全球第二

中国证券市场这艘年轻的航舰，在波涛汹涌的大海中，经历风雨海浪的洗礼，逐渐变得坚强起来。

从1990年起锚时的12亿到2007年底的32.44万亿，再到2010年8月末的23.32万亿元，A市值规模扩大速度以万倍计，成功超越日本，这是中国证券市场日渐强大的印记。

毫无疑问，市值的扩大与A股不断扩张相辅相成。而且，IPO的7次休整，7次启动，成为A股成长史上的7道弯，每道弯都记载着她步履的坚定。

尤其令人兴奋的是，中国证券市场的各行业龙头开始奋力争夺所属行业国际第一话语权，将A股市场演变为全球各大行业市值第一公司的俱乐部。中国石油、工商银行、中国人寿、中国铝业、中国神华、万科A这6个行业龙头，成就了中国证券市场的6个神话。尽管，每个神话并非完美无瑕，但不可否认，这里承载着A股无穷的力量。

还有一组组数据，一个个日子，记录了中国股市跨进全流通时代走过的每一步。2007年8月28日中国股市总市值4.72万亿美元，首次超越日本稳居全球第二；2008年6月17日，三一重工成为A股市场首家存量全流通公司㊀；2009年7月6日，沪深股市A股流通股首超非流通股……这些时点永远闪耀在中国股民的心底，在历史长河中熠熠生辉。

市值规模的迅速膨胀也带来了不好的影响，首当其冲的是市场资金，其在推动股指时开始觉得力不从心。在产业资本、保险、私募等机构的夹击之下，公募基金的日子也不好过，不得不修正原有的“游戏规则”，做着一种痛苦的转型。

的确，资金是行情的执行者和创造者，没有资金的推动，股市永远无法出现像样的行情。面对股指期货可能分流大量资金的股市，投资者需要如何调整自己的战略呢？

㊀ 编者注：关于三一重工市值管理的图书《大梦三一》已经由企业管理出版社出版。

◇◇◇◇◇12亿到32.44万亿◇◇◇◇◇

在过去20年时间里，中国资本市场由零起步，完成了成熟市场国家需要上百年甚至几百年才能完成的任务。可以说，中国资本市场的发展是世界资本市场发展史上的一个奇迹。

1980年至2009年的30年间，中国平均GDP增长率为9.89%，而对中国证券市场而言，1990年至2009年的20年间，融资额由2.68亿元增加至8207.4亿元，平均增长率为106%；市值由12.1亿元增加至242661.86亿元（其中2007年最高达32.44万亿元），平均增长率为138%。

人人都说，2007年的中国股市是个神话，这个神话的神奇之处在于：沪深股市指数大涨，沪指曾一度高至6124.04点；全年沪深股市共募资7438亿美元；股市市值超过市值世界第二的日本东京证券市场；股市市值首次超过GDP……

1. A股市值20年扩张路

1990年12月19日，也就是上证所正式挂牌的当天，8只股票收盘时流通市值3.73亿元，总市值12.1亿元；2000年12月底，股市发展了整整10年，沪深两市1060只A股流通市值15594.24亿元，总市值47591.34亿元；114只B股流通市值566.75亿元，总市值566.75亿元。10年的时间，A股流通市值和总市值分别增长了4179.8倍、3097.4倍。这种增速，令当今任何一个国家望尘莫及。

2001年至2005年，A股经历了史上最漫长的熊市，A股市值在这一区间整体有所下降。2005 年 12 月底，沪深两市 1 351 只 A 股流通市值 9 960. 53 亿元，与 2000 年底相比，流通市值蒸发掉 5 633. 71 亿元，缩减幅度为 36. 13%；总市值 31 017 亿元，与 2000 年底相比，总市值蒸发掉 16 574 亿元，缩减幅度为 34. 83%。

2006 年，中国证券市场历史性转折之年。上证综指从年初的 1 161 点起步，迈开牛蹄，一路攀升，年末以 2 675 点收盘，全年涨幅高达 132%，居全球第一位。空前的牛市行情中，中国证券市场 A 股市值实现了空前的跨越式增长。

据鹿苑天闻中国上市公司市值管理研究中心发布的 2006 年中国上市公司市值年度报告，2006 年中国证券市场 A 股市值创纪录地达到 87 992亿元，市值净增 56 975 亿元，其增量之巨大，相当于经过 15 年发展累计而形成，比此前 A 股市场于 2000 年创造的历史最高市值高出 35 695亿元，当时 A 股总市值为 52 103 亿元。183. 69% 的年市值增幅，2006 年中国 A 股创下的这一纪录，不仅刷新了中国证券市场历史新高，而且书写了当年全球证券市场涨幅之最。它不仅将全球金融市场上诸如美国、英国、法国等成熟市场远远地抛在后面，也让印度、巴西、俄罗斯、墨西哥等新兴市场望尘莫及。2006 年，中国 A 股市场年市值增幅是美欧等成熟市场平均增幅的 15. 6 倍，是印度、巴西、中国台湾地区、新加坡、墨西哥 5 大新兴市场平均增幅的 4. 7 倍。

2007 年，沪指全年上涨 2 586 点，至高点涨到 6 124. 04 点，涨幅 96. 66%，成交 309 705 亿元；深成指上涨 11 053 点，涨幅 166%，成交 159 700 亿元。两市成交比 2006 年均出现较大幅度放大。这一年，中国股市的市值魔术般的增长。2007 年 1 月 9 日突破 10 万亿元，8 月 3 日突破 20 万亿元。相对于 21. 087 万亿元的 2006 年 GDP 总量来说，资产证券化率超过 100%。

在这一年，中国各大媒体津津乐道于这样一件事情，8 月 28 日收盘，日本股市总市值为 4. 7 万亿美元，而以沪深两地市场以及在中国香港上市的内地企业计算的中国股市总市值为 4. 72 万亿美元，首次超过日本。这样的消息听起来总是很鼓舞人心的……

之后的一个多月，A股市值继续攀升。2007年10月16日，上证指数登上6124点历史高位时，两市A股总市值达到了约27.5万亿元人民币规模。同年11月6日，中石油以约7万亿元的总市值高调上市，这使两市总市值达到了空前的33.62万亿元人民币。

中国股市市值从1990年正式开市的12.1亿人民币，到2005年最低时候不过3万多亿，再到2007年的33.62万亿，17个春秋A股市值扩容了27784.12倍，年均扩容近1634.36倍。如此快的发展速度就是在海外证券市场也是绝无仅有的。

对比一下，中国股市市值2005年最低时候不过3万多亿人民币，而美国的市值已经超过15万亿美元；2006年底，美国市场总市值（纽约交易所和纳斯达克交易所之和）为19万亿美元，是日本股市的4倍，中国股市在2006年底的总市值约为1.1万亿美元；2007年8月28日，中国股市总市值4.72万亿美元，并以200亿美元的优势超越日本，同期美国股市总市值居全球首位，为10.8万亿美元。中国股市与美国股市市值差距与1年前相比明显缩小。

据鹿苑天闻中国上市公司市值管理研究中心发布的2007年中国上市公司市值年度报告，沪深两市A股总市值达32.44万亿元，成为继美、日、英之后全球第四大证券市场。市值的增长还与融资额如火如荼有关。2007年，A股IPO融资达到4473.32亿元，较上年增长172.34%，位居全球第一；沪深股市总融资额达到7963.5亿元，超过了2000年以来7年融资总额7787亿元的水平；总交易额达448982亿元，是过去7年总额的150%。

2008年，中国证券市场寒冬之年。在这一年里，沪深两市一跌再跌，上证综指从年初的5272.81点跌至年终的1820.81点，其间曾经一度下探1664点，跌幅之大为中国证券市场问世18年之最。寒冬中，证券市场市值急剧缩水，股东财富严重洗劫。曾在2007年创下全球市值涨幅第一的中国A股市场，在2008年尴尬地成为全球市值跌幅最大的市场之一。中国上市公司市值管理研究中心在2008中国上市公司市值管理年度报告中做出这样的描述：2008年A股市值净缩20.36万亿元，相当于我国2006年的国内生产总值，是中国证券市场18年历史上最大年市值缩水量的40倍——2005年缩水0.5万亿元，是中国证券市场近10年来曾经有过的4个市值缩水年份的市值缩量总和的11倍。

2009年，我国资本市场在2009年度得到快速复苏。根据世界证券交易所联合会（WFE）数据统计，截至2009年底，中国A股总市值已达24.27万亿人民币（折合3.57万亿美元），成功超越日本（3.53万亿美元），成为继美国（15.08万亿美元）之后的全球第二大市值市场。其中，上海和深圳证券交易所分别列全球交易所市值排名第6和第16位，市值分别为2.7万亿美元和0.87万亿美元。

据中国上市公司市值管理研究中心发布的2009年度中国上市公司市值年报，A股总市值在当年呈现翻番式增长，较2008年增加了12万亿元，相当于2008年沪深A股市值总量的一倍。2009年流通股市值首次超过限售股市值，占到总市值的61.64%。832家上市公司的市值超过2007年市值最高点时的水平，排除重组等因素的影响，也有347家上市公司市值超过2007年市值最高点时水平。A股上市公司平均市值再度回归百亿，平均市值达到143.08亿元，较2008年76.54亿元的平均市值增加了86.93%，千亿级上市公司家数也较2008年有了明显上升，达到1.83%，占比接近2007年A股市场表现最好时的成绩。

具体来看，2008年表现突出的民营企业在2009年依然抢眼。民营企业在2009年以市值增幅155.98%的成绩占据涨幅榜榜首，紧随其后的是国企和外资企业，市值涨幅均超过120%。央企的市值涨幅表现最弱，涨幅仅为70.75%。截至2009年底，总市值超万亿元的行业从2008年的2个上升至年内的6个，金融行业以5.73万亿元的市值总量仍然盘踞在行业榜首，采掘行业市值超过5万亿元，名列第二位。

曾有学者认为，经济的证券化是中国经济市场化的最深刻体现，表明中国市场经济的发展进入了一个高级阶段。据统计，中国资本市场证券化率由 1991 年的 1% 上升到 2009 年的 72. 36% （2009 年 GDP 为 33. 53 万亿）。其中 2009 年中国经济证券化率比 2008 年增加了 30 个百分点。其实，在 2007 年，证券化率更是一举突破 150%，达到成熟资本市场水平。因此可以说，中国证券市场的发展有利促进了市场化程度的提高，是中国奇迹产生的主要动力。据中国上市公司市值管理研究中心预计，2010 年，我国资本市场将呈现震荡走高态势，A 股市值将继续增长（如图 2-1 所示）。

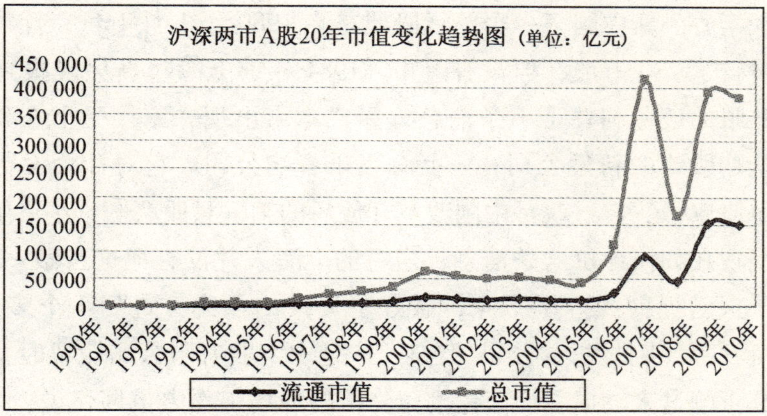

图 2-1　中国 A 股 20 年以来总市值及流通市值变化

数据来源：财汇资讯

中国证监会研究中心主任祁斌曾经带领他的手下最近完成了一份中国资本市场发展报告的白皮书，而这份报告的起因是来自于世界银行的一个预言：2020 年中国资本市场的市值有可能超过美国成为全球第一。

投资银行高盛 2010 年 9 月 9 日发布的报告，放眼未来的 20 年发展前景，全球新兴国家的股票市场有望从目前 14 万亿美元的规模，发展到 80 万亿美元的规模，将是现在的 5 倍之多。此外，新兴国家所占的全球股票份额也将从如今的 31% 上升到 55%。报告特别提到，中国、巴西、俄罗斯、印度这“金砖四国”，20 年后在全球股票市场的份额总共将达到 41%。届时，新兴国家将在全球金融领域占据主要地位。报告预计，到2030年，中国可能攀升至全球第一股市的位置，而美国只能位居次席，印度将紧随其后。

2. IPO：7开7合

A股市值的迅速扩张，与IPO及再融资相关。在这不平凡的20年里，A股融资与再融资规模尽管迅速扩大，但走过的路也充满坎坷。

事实上，在证券交易所正式成立之前，中国的股票市场已经在静悄悄地探索着。新中国第一次发行股票是在1980年1月1日，抚顺红砖一厂发行了280万股，但没有上市。1984年，上海《新民晚报》在一版不显眼的地方刊登了一条消息，称“本市出现一家接受个人和集体自愿认购股票的新型公司——上海飞乐音响公司。它对社会发行1万股，每股50元”，这就是中国改革开放后的第一只股票——小飞乐。无论我们现在如何评价这条消息，当时的上海人并没有把这当做一回事。小飞乐也已提前找好了下家，做好了失败的预案。直到1个多月后，1985年1月14日发行第二只股票——延中实业有限公司股票时，上海人才真正醒过来。据工行信托投资公司的现场工作人员回忆说：“从江宁路热电厂排队转弯到南京路，抢购股票的人群绕了好几条街，500万股在8小时内几乎被抢购一空。”

再把目光转到刚从小渔村演变过来的特区深圳，1987年的深圳人远没有1984年的上海人那么精明。1987年5月，从信用社基础上改制成股份制银行的深圳发展银行，首次向社会发售人民币普通股79.5万股。几个月时间内，发行计划完成不到一半，1988年上半年第二次发行，依然门庭冷落。1988年，深圳第二只股票——万科股票发行时，万科招股队分成小分队，走街串巷，上门推销，对居民区进行地毯式搜索。

进入20世纪的90年代，中国股市融资能力日渐增强。1990年12月19日，上海证券交易所成立时，总共只有30种上市证券，其中国债5种，企业债券8种，金融债券9种，股票8种（上海本地7种，浙江省股票1种）。1991年7月3日，深交所正式成立，首批上市公司只有

5 家，也均是本地企业。

在随后的 1992 年—1998 年，中国通过发行股票大约筹集 3 553 亿元资金，其中至少 95% 是流向国有企业的。1995 年 1 月，“大盘股”仪征化纤 A 股发行，17 家券商组成的豪华承销团，动用了上证所全国交易系统内上网定价发售与承销团公开发售的创新方式，发行量也不过 2 亿股，发行价也仅为 2.68 元。此前此后，仪征化纤为了筹集资金还不得不发行了两次 H 股。

近几年，A 股市场融资迎来了新的良机。仅 IPO 一项，2006 年就首次突破了千亿大关，2007 年继续高歌猛进，轻松跃过 2 000 亿、3 000 亿和 4 000 亿元关口，并创下了当年 IPO 融资额新高点 4 470 亿元。这一 IPO 融资额是 2006 年 1 642 亿元的 2.7 倍，同时，该数字还超过了 2002—2006 年共 5 年的融资总和。

2007 年，证券市场全年发行了 14 771.05 亿元，其中发行 A 股 6 984.05 亿元，而中小板市场发行 453.79 亿元，开发式基金发行 3 717.21 亿元，发行国债 3 616 亿元。特别指出的是，2007 年，单家公司融资规模同样也在不断刷新纪录，当年 9 月 17 日，建行发行 90 亿 A 股，募资 580.5 亿元，改写了 2006 年由工商银行创造的 466 亿元的 A 股 IPO 融资纪录；可是仅仅过了一周时间，中国神华就以募资 665.8 亿元取而代之；10 月 26 日，中国石油更是以 668 亿元力压神华，也正是中石油 7 万亿元的总市值高调上市，促使沪深两市总市值达到空前的 33.62 万亿元。

2008 年，受金融海啸冲击的影响，全球 IPO 规模也降至 5 年来最低水平。虽然 A 股市场 IPO 规模也大减，但限售股解禁和增发等隐性 IPO 令今年 A 股市场扩容压力冠居全球。根据 Dealogic 的数据，2008 年全球 IPO 规模仅为 828 亿美元，比去年下降 7 成多。而在 2007 年 IPO 融资额勇夺全球第一后，2008 年中国 A 股 IPO 也陷入低谷，77 家公司基本集中在上半年上市，募资规模约为 1 034 亿元，仅为 2007 年两成左右。

2009 年，IPO 重启后，新股密集发行，大有一发不可收拾之势。下半年，IPO 融资额超过 2 000 亿元，接近 2008 年全年的两倍；而包括增发、配股、发行可转债等方式募集的资金也比2008年多两成以上，其中133家上市公司增发股票募集金额达到2 992.12亿元，较2008年扩大近3成。2009年股市融资额共计5 167亿元，比2008年增长43.8%。

至2010年6月，最近一次IPO重启正好一周年，有两个数字投资者应该记住，282和3 877.216。这两个数字告诉我们，在2009年6月至2010年6月的12个月内，A股共计首发新股282只，实际募集资金3 877.216亿元，相比此前，我国的新股发行数量在1年内完成了一次大跃进。而上一轮IPO周期的28个月，共计募集资金6 990.89亿元，前12个月募集资金总额不过2719亿元。仅用了上轮42.9%的时间就募集到了相当于55.5%的资金。如此看来，中国股市已不再是过去的一池小水塘了。

其实，A股融资加速旋转也有停顿的时候，但停顿是为了更好的旋转。自1990年A股市场创立以来，共发生7次IPO暂停、7次重启。

1994年11月1日IPO首次暂停，1995年1月24日重启，重启一周跌幅为3.56%（重启后5个交易日，下同），时值熊市，周跌幅3.56%不足为奇。

1995年4月11日第二次暂停，1995年6月30日重启，上证综指重启一周跌幅0.96%，月涨幅8.36%。

1995年6月30日第三次暂停，1995年10月10日重启，上证综指周跌幅0.7%，月涨幅4.23%。

2001年9月10日第四次暂停，2001年11月29日重启，上证综指周涨幅0.59%，月跌幅5.84%。

2004年9月9日第五次暂停，2005年2月3日重启，上证综指周涨幅0.52%，月涨幅2.99%。

因为启动股权分置改革，2005年6月7日IPO第六次暂停，2006年6月19日重启，上证综指周涨幅达1.98%，创6次IPO重启后短期内最大涨幅，月涨幅5.76%。

2008年9月16日第七次暂停，2009年6月29日重启，上证综指周涨幅5.02%，再创IPO重启后最大周涨幅，月涨幅9.22%。显然，通过统计这7次重启后一周及一个月的市场表现，发现上证综指股指表现比较平稳，而且IPO重启后一个月内股指上涨概率居然达到8成以上。

3. 扩张要看行情

1992年以前，两市只有72家公司发行了股票，筹资额合计23亿元，平均每家上市公司IPO筹资额3218.89万元，其中有少数几家还是后来上市的。

1992年、1993年行情向好，迎来了第一个股票发行高峰。1992年，A股迎来111张新面孔，募集资金合计118亿元，平均每家上市公司IPO筹资额1.07亿元；1993年，再有144家上市公司亮相，募集资金合计222亿元，平均每家上市公司IPO筹资额1.55亿元。截至1993年底，沪深两市共有330家。

1994年、1995年行情低迷，两市股票发行陷入了低谷。其中1994年仅有41家上市公司亮相，募集资金合计63亿元，同比锐减71.62%，平均每家上市公司IPO筹资额1.54亿元，与上年持平；1995年，仅有13家上市公司上市，募集资金合计26亿，平均每家上市公司IPO筹资额2.03亿元。在这两年中，上市公司家数只增加了54家。

1996年、1997年的大牛市迎来了股票发行的第二个高峰期，亦是至今为止的最高峰。1996年发行172家，1997年发行185家。IPO融资额分别为224亿元、647亿元，平均每家上市公司IPO筹资额分别为1.3亿元和3.5亿元。

而1998年的熊市，A股家族再增加102位成员，合计募集资金405亿元，平均每家上市公司IPO筹资额3.97亿元。尽管上市公司数量增加不快，但新上市的公司平均募集资金的步子没有放慢，在这一年，3.97亿元的平均募集资金额已经创出了开市以来的新高。

1999年、2000年的牛市，因为每家公司筹资额高，发行家数没有突破前两个高峰。其中1999年，A股迎来93张新面孔，募集资金合计

500亿元，平均每家上市公司IPO筹资额5.38亿元；2000年，A股新增141位成员，募集资金合计867亿元，平均每家上市公司IPO筹资额6.15亿元。显然，这两年每家公司筹资额均创出新高。至此，股市已经走过了10个春秋，上市公司家数已经达到1077只，实际可交易A股股票1060只，终于突破了千家大关。

2001年以后股市再度低迷，2005年只发了15家，10年一轮回，回到1995年的水平。

其中，2001年有66家公司发行上市，募集资金合计558亿元，平均每家上市公司IPO筹资额8.45亿元，再次刷新每家公司筹资额记录；

2002年，有71家公司发行上市，合计募集资金532亿元，平均每家公司筹资额7.49亿元；

2003年，有67家公司发行上市，合计募集资金467亿元，平均每家公司筹资额6.98亿元；

2004年，有98家公司发行上市，合计募集资金380亿元，平均每家公司筹资额3.8亿元；

2005年，有15家公司发行上市，合计募集资金58亿元，平均每家公司筹资额3.84亿元。

值得注意的是，2004年，两市IPO又恢复到较高的水平，主要是深圳恢复融资，而2005年发行数量较少，亦是政府决定停发新股的结果。截至2005年年底，沪深两市共有上市公司1394家，实际可交易股票1351只。

2006年、2007年，中国A股迎来大市值IPO发行高潮。2006年A股首发募资1572.24亿元，新上市公司为70家，平均每家公司筹资额22.46亿元；2007年，IPO总数为120家，合计募资高达4469.96亿元，是2006年新股IPO募集资金量的2.7倍，平均每家公司筹资额37.25亿元。在2007年，IPO募集资金超100亿元的公司有中国太保（300亿元）、中海集运（154.7亿元）、中国中铁（224.4亿元）、中国石油（668亿元）、中国神华（665.8亿元）、建设银行（580.5亿元）、北京银行（150亿元）、中国远洋（151.3亿元）、建设银行（252亿元）、中信银行（133.5

亿元)、中国平安(388.7亿元)、兴业银行(160亿元)。上述12只大盘股，合计募集资金达3828.9亿元，占全年IPO募资总额的85%。

20年来A股首发数量年度变化图如图2-2所示。

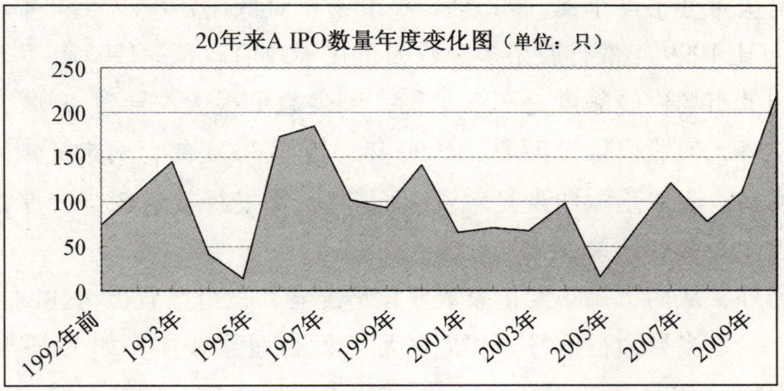

图2-2　20年A股首发数量年度变化图

数据来源：财汇资讯

在全球信用危机和经济衰退的背景下，2008年全球证券市场黯别“黄金时代”，IPO金额跌至5年来的最低点。据Dealogic的数据，截至2008年11月，全球IPO融资金额锐减72%，萎缩至828亿美元，与去年同期的2994亿美元相比简直是“天壤之别”；包括IPO、增发等在内的全球股票融资金额下滑33%至6328亿美元，相比2007年的9438亿美元大幅缩水；“金砖四国”的股票融资金额“跳水”幅度高达68%，从2007年的2598亿美元骤跌至833亿美元。另据数据中华的统计资料显示，2008年中国企业境内外IPO数量仅有129家，较2007年下降42.4%；融资金额224.5亿美元，较2007年下降74.6%。国内新股发行数量锐减且新股申购收益不断下降，IPO数量、融资金额创3年来新低。当年沪深两市共77家上市，较2007年减少38.9%；融资金额1023.92亿人民币（约146.24亿美元），较2007年减少77.17%，平均每家公司筹资额13.3亿元，同比减少40.78%。可见，这一年，A股IPO数量和融资金额双双大幅缩减。

两市新股发行是两个因素共同作用的结果：市场行情和政府政策。我们可以把历年发行家数看作函数，那么市场情况和政府政策就是影响这个函数结果的两个变量。市场行情牛熊分明，新股发行亦牛熊分明。但政府决策亦不可小视，如1998年市场相对低迷，1999年大牛市，但1998年比1999年发行股票多。原因正在于政府政策。1997年5月，政府推出的市场供应额度是300个亿，可供数量很大，导致1998年尽管行情不好，但股票供应仍多于1999年。再如2004年，两市又恢复到较高的水平，主要是深圳恢复融资。而2005年发行数量较少，亦是政府决定停发新股的结果。

另外，从两市每年发行家数变化情况看，也可以看出上述两方面的影响。一是当哪边行情好，相应的那边发行股票较多，如1992年的上海和1996、1997年的深圳。二是2000年以后，政府对沪市的倾斜政策对两市新股发行家数影响很大。

4. 2009—2010年：A股逆市扩张

受金融危机影响，2009年上半年A股市场的融资功能一直处于暂停状态。尽管上证指数在2008年11月底见底反弹，并在进入2009年后持续走高，但在宏观经济回暖尚未确定的背景下，监管层始终没有放开A股市场的IPO。

2009年6月18日晚间，桂林三金药业发行4 600万股A股正式披露招股登陆中小板，由此，A股市场IPO在暂停9个月之后再度启动，并进入加速恢复通道。新股发行制度改革成为2009年融资平台重要的制度变革，在此基础上，当年A股市场IPO融资总额达2 006亿元，全年呈现出由年初的停滞状态到年末高频率发行的结构性变化。据统计，2009年全年沪深两市IPO合计融资2 006亿元，IPO家数为111家。其中，沪市首发募集资金合计1 318亿元，首发家数为10家，深市首发募集资金合计688亿元，并以101家的首发家数稳居全球各大交易所之首。

同期，作为中国证券市场的一部分，港交所IPO也创辉煌：截至

2009 年底，香港市场 2009 年的股本融资额为 6 307 亿港元，创香港市场历史新高，其中港交所 IPO 融资金额已高达 3 869 亿港元，首次超越纽交所勇夺全球股市“集资王”的宝座。

进入 2010 年，两市持续调整。股市跌跌不休，新股发行却持续处于活跃期。一季度沪深交易所共发行上市 91 只新股，募集资金总额达 1 182. 05 亿元，首发融资规模已经达到去年全年 6 成水平。沪市主板、深市中小板与深市创业板今年一季度分别有 10 只、52 只和 29 只新股完成发行挂牌上市。4 月，35 家新上市企业中有 30 家企业在境内资本市场上市，其中深圳中小板 16 家，深圳创业板 13 家，上交所 1 家，合计融资 49. 13 亿美元，平均每家企业融资 1. 64 亿美元；另有 5 家企业选择在境外资本市场上市，合计融资 3. 80 亿美元，平均每家企业融资 0. 76 亿美元。5 月，再有 27 家公司发行上市。在 2010 年前 5 个月，沪深两市共发行 153 只新股，IPO 合计募集资金达 1 922. 13 亿元。这一水平已经超过去年全年 IPO 总数。事实上，从 2009 年 6 月 29 日桂林三金成为 IPO 重启第一单以来，至 2010 年 5 月底，不足 1 年时间 IPO 已经从市场中“吸金”近 4 000 亿元。

2010 年 6 月 1 日，创业板指数正式推出。而 2010 年 1 至 8 月，IPO 共为创业板市场输送新股 68 只，募集资金 535. 1 亿元。中小板市场则是 2010 年的新股大户，前 8 个月，共有 132 只中小板股票发行，募集资金 1 295. 05亿元。相比之下，主板市场发行的新股只有 13 只，虽然数量少，但募集资金合计 1 464. 47 亿元。创业板和中小板市场募集资金占到了 IPO 总资金的 55. 55%。此外，由于创业板和中小板股票竞相高价发行，目前沪深两市的第一高价股已经出现由创业板和中小板两个市场轮流坐庄的局面（截至 2010 年 8 月 31 日，中小板股票洋河股份收盘价 196. 48 元，为 A 股最高；创业板股票世纪鼎利次之，169. 5 元收盘价位居第二）。

截至 2010 年 8 月底，沪深两市上市公司家数已经达到 1 995 家，实际可交易 A 股 1 889 只，与 20 年前的 8 只股票相比，已经有天壤之别。

有意思的是，经历了 20 年长跑，深市 A 股数量已达 1027 只，比沪市的862只多出了165只，深市A股数量终于在今年超过沪市。

沪深交易所分别于1990年底和1991年底开始营业，前者早1年起步，因此个股数量一直领先。2000年12月11日，隆平高科上市，此后的3年多时间，深交所一直没有新股上市，其与上交所的差距越拉越大。2004年1月30日，TCL集团在深交所上市，这是深交所停发新股3年多后迎来的第一只新股。同年6月25日，新和成等首批8只中小板个股登陆深交所。深交所新一轮的扩容正式拉开帷幕。2009年10月30日，首批28家创业板个股上市，深交所再添生力军。中小板、创业板加速发行的同时，沪市IPO主推的大盘蓝筹股要少得多，这令深市在个股数量上迅速缩小了与沪市的差距。

◇◇◇6 行业龙头争国际第一话语权◇◇◇

在中国股市总市值坐二抢一的时候，另一幕神话也在上演，A股市场正演变为全球各大行业市值第一公司的俱乐部。目前，有6家公司已经登上相关行业全球最大市值公司的宝座。

1. 中石油＝美孚＋微软＋花旗

中石油回归A股市场的时候，大盘正在走低，然而大盘的走弱并未影响中国石油一跃成为全球市值第一的上市公司，并成为A股市场第一大权重股。

2007年11月5日9时25分，一个让沪深股市几乎屏住呼吸的时刻。48.6元——万众瞩目的中国石油上市开盘价横扫了各方的预期！国内10大券商此前给出的开盘价预测最高不过45元，最低仅26元！

9 时 15 分，头一笔挂单就打出了 48 元的高价，数量为 517.01 万股。随后，集合竞价继续提升，48.6 元、48.61 元、48.62 元……堆积的买单也越来越多。最终，中国石油以 48.6 元开盘，成交量为 581.44 万股，换手率 6.52%，较发行价上涨 191.02%，当时市值达到 7.86 万亿元，加上 H 股市值，总市值高达 8.25 万亿元，超过埃克森·美孚，成为全球第一大市值公司。

然而，这个让所有机构甚至整个市场跌碎眼镜的开盘价迅速促成了众多中签者坚决的抛售意愿。开盘后，卖单如潮，中国石油在 48.6 元的价位仅维持了极短时间的成交便开始下滑。当日下午 14 时左右，该股探至最低 41.7 元，尾盘在资金进场吸纳的情况下有所拉升，收盘报收在 43.96 元，全日涨幅为 163.23%。全日成交 700 亿元，相当于沪市日总成交额的 44.5%，即当日近半沪市资金流向中国石油。

71 181 亿元（折合 11 081 亿美元），这是中国石油 2007 年 11 月 5 日收市后的总市值，该市值除了轻取全球第一大市值公司宝座之外，还占据了沪市 1/4 的总市值，更是深市总市值的 1.3 倍之多！即使不计算其 H 股总市值，都已经超过了埃克森美孚的总市值（为 4 880 亿美元）。当然，中国石油也成为沪深两市第一大总市值公司，其截至 2010 年 8 月 31 日的 A 股市值变化图如图 2-3 所示。

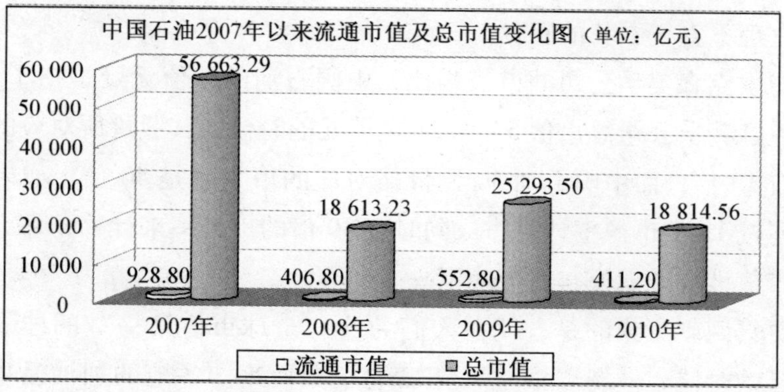

图 2-3　中国石油 A 股市值变化图（2010 年最新市值截至 8 月 31 日）

数据来源：财汇资讯

11081亿美元究竟是个什么概念？我们来作一番简单的对比。

世界最大的石油公司——埃克森美孚（以储量和产量排名），市值为4876.82亿美元；世界最大的科技公司——微软，以2850.61亿美元位列全球第七大市值公司；世界最大的金融财团——花旗集团，市值也高达2510亿美元。这3家公司，都是全球范围内竞争力最强、利润率最高的公司，这3家公司的市值加总为10237亿美元，与中国石油打了个平手。

但很遗憾，中国石油的内在价值却不能与这3家公司看齐。全球市值第一也不过是个虚幻的光环，成为投资者茶余饭后的谈资。

虽然是亚洲最赚钱的公司，但与世界顶尖的公司相比，中国石油仍有不小的差距。以净利润来看，2006年美孚净利润为395亿美元，而中石油净利润仅有178.39亿美元，不到美孚的一半；以主营业务收入来看，2006年美孚收入3350.86亿美元，而中石油为864.2亿美元，只相当于前者的1/4。以石油储量、石油产量等指标来看，美孚均远胜中国石油。

算利润，中国石油只及美孚的一半；算收入，中国石油只有美孚的1/4。没有实际业绩做基础的股价狂飙，就只能是空中楼阁，无根之草，没有长久的生命力。这“全球市值第一”的桂冠戴在中国石油的头上，难免有理不直气不壮的感觉。

与埃克森美孚公司的市值相比，中国石油的市值无疑是掺了水的。当埃克森美孚公司总市值5114.21亿美元的时候，其股价所对应的市盈率只有13倍；而中国石油30元价格对应的市盈率是40倍。如果两家公司同按13倍市盈率计算，或同时按40倍的市盈率来计算，那么，二者的市值谁高谁低便自有分晓了。

更具讽刺意味的是，就在人们为这“全球市值第一”的桂冠而沾沾自喜的时候，一场“油荒”正席卷中国而来。各地的加油站里，柴油短缺，汽油紧张，一些加油站前等候加油的汽车排成了长龙。而居民区的液化气供应点里也是价格猛涨，弄得居民为此怨声载道。因此，面对这场“油荒”的蔓延，国人不禁要问，作为垄断经营的中国石油，作为刚刚从A股市场里融资668亿元并创下最大规模融资纪录的中国石油，作为佩带“全球市值第一”桂冠的中国石油，就不应该有所作为吗？难道“油荒”就是这“全球市值第一”的桂冠带给国人的礼物？

2. 工商银行：超越花旗不商量

在A股市场中，中国石油的市值神话不是个别现象。

自2006年10月27日上市，中国工商银行股价一路攀升。12月25日，A股市场上工行股价更是一度涨停。按照中国工商银行H股收盘价4.4港元和A股收盘价5.21元人民币对应的市值计算，工商银行总市值已高达2142亿美元，成为全球排名第三位的上市银行，仅次于花旗集团和美国银行。与此同时，工商银行的牡丹信用卡也首破发卡量1000万张，消费额为1000亿元。

进入2007年，工商银行再度狂飙。2007年8月9日，工商银行A股股价盘中冲击高位，按照当天其A股收盘价6.54元人民币以及H股收盘价4.68港元计算，工商银行A股总市值为16411亿元人民币，H股总市值为3887亿港元。两者相加，工商银行当天总市值已逾2万亿元人民币，按当时汇率折算，逾2610亿美元，超越花旗，成为全球总市值最大的银行，同时也悄然坐上了全球第四大上市公司的位置，仅次于埃克森·美孚、通用电气、微软这3个全球上市公司中的“大腕”。

2007年8月13日，工商银行收盘价创出历史新高，冲破7元收于7.1元，冲破同年1月4日的历史高点6.79元。其总市值也水涨船高达约2760亿美元，创出历史新高并一举超过全球市值第三大公司微软（微软当时市值约为2711亿美元），仅次于埃克森·美孚和通用电气，成功跻身全球市值第三的位置。

2007年11月1日，工商银行A股最高价为9元，按2509.62亿股A股计算，其A股总市值达到22586.61亿元人民币，按当时汇率计算约合3 029.73亿美元；H股830.57亿股，按其当日最高价7.41港元计算，H股总市值达到6 154.49亿港元，约合794.09亿美元。工商银行最高总市值合计3 823.82亿美元，创造了全球银行股的最高总市值。比较接近通用电气4 200亿美元的市值，与埃克森·美孚4 789.74亿美元的市值相比相差20%，其截至2010年8月31日的A股市值变化图如图2-4所示。

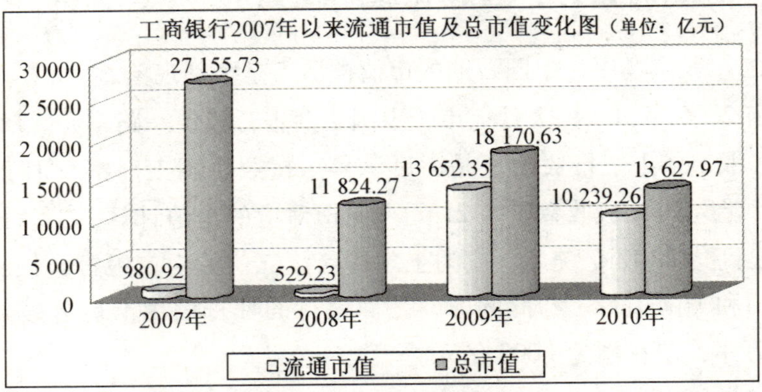

图2-4　工商银行A股市值变化图（2010年市值截至8月31日）

数据来源：财汇资讯

工商银行的股价的飙升与其披露的十分优秀的三季报密切相关，2007年1—9月每股收益0.19元，每股净资产1.56元，净资产收益率12.15%，营业总收入1 823.74亿元，同比增长38.48%，实现净利润638.82亿元，同比增长66.49%。

与美国花旗集团相比，中国工商银行的业绩显然优势突出。花旗集团2007年末总资产为2.188万亿美元，利润为36.17亿美元，盈利水平较2006年减少83.21%。这家经历了近两个世纪风雨的金融帝国在和平盛世遭受重创。

2008年，花旗集团亏损276.84亿美元；而工商银行实现净利润1 112.26亿元，同比增长35%，实现主营业务收入3 102亿元，同比增长20.5%。生息资产规模增长、净息差扩大、非息业务收入增长、成本收入比下降和有效税率下降是利润增长的主要原因；贷款减值准备和证券投资损失准备的计提是影响利润增长的主要原因。

2010 年一季度，花旗集团净收益达 44 亿美元，摊薄后每股盈利 0.15 美元，营收达 254 亿美元，业绩创近 3 年最好水平。同期工商银行实现净利润 417.25 亿元人民币，比上年同期增长 18.24%，每股收益为 0.12 元，比上年同期增长 9.09%。显然，美国银行业在经历金融危机的袭击后，开始重新站立起来，不过，市值已今非昔比。4 年前，花旗集团还是全球市值最大的银行；3 年前，股价创 56 美元历史新高，市值逾 2 700 亿美元；1 年前，市值不到 100 亿美元，股价 3 月初曾跌破心理关卡 1 美元；至 2010 年 8 月 30 日收盘，花旗集团市值 859.68 亿美元。

而工商银行 A 股市值在 2007 年创出历史新高后，2008—2010 年一直维持在超过 1 万亿人民币的水平，其中 2009 年底 A 股总市值为 1.82 万亿元。至 2010 年 8 月 30 日收盘，工商银行 A 股最新市值 13 761.58 亿元人民币，约合 2 023.76 亿美元（按当日最新汇率计算）；工商银行 H 股市值 4 024.84 亿港元，约合 517.33 亿美元。也就是说，目前工商银行市值合计 2 541.09 亿美元，已经是美国花旗集团的 2.96 倍。

花旗集团的命运是美国金融危机持续发酵的真实写照。从花旗集团的“沦落”可以洞悉美国金融业整体形势的严峻。对于工商银行，中国的金融体制和工行的国有银行机制决定了其巨大的潜力只显露了冰山一角，其经营效率还有较大的提升空间。我们从工商银行的发展历史，股份制改造及上市安排等，可以很明显地发现，工商银行所具备的资源优势是其他银行所不可比拟的，如果未来有一家银行伴随着中国经济走向世界，工商银行将责无旁贷。强大的金融服务业必须以强大的信息管理系统为依托，工商银行在系统建设方面远远领先于同行，这将成为标志性的核心竞争力。我们相信，中国工商银行的规模优势会得到进一步的体现。

3. 中国人寿：勇冠全球保险业市值老大

2007 年 1 月 9 日，是中国人寿保险股份有限公司回归 A 股市场上市首日，中国最大的寿险公司登陆 A 股市场，对于中国保险行业乃至整个金融领域的发展，有着划时代的意义。

中国人寿凭借“保险第一股”的特殊身份，其股价当天高开高走，每股以 37 元开盘，终盘报收 38.93 元，较每股 18.88 元的发行价翻了一倍还多，远高于此前市场的预期。作为中国证券市场第一家保险类上市公司，中国人寿 A 股首次公开发行备受关注，并创下了申购冻结资金最多（8325 亿元）、发行价对应市盈率最高（92.6 倍）等中国股市多个新纪录。其成功上市，中国人寿总市值已达 8106.6 亿元（约合 1280亿美元），成为深沪两市仅次于工行、中行的第三大权重股，并超过 ING 集团 NV、安联 SE 以及 Axa 等国际保险巨头，成为仅次于美国国际集团公司（AIG）的全球第二大市值保险公司。

2007 年 1 月 16 日，中国人寿 A 股报收 45.05 元，其 A 股市值已达到 9381 亿元，超过中国银行的 8784 亿元，成为 A 股市场市值亚军，占据冠军宝座的仍然是工商银行，其 A 股市值为 13853 亿元。中国人寿能在上市短短数个交易日后 A 股市值即超过中国银行，得益于其股价的飙升。当周两个交易日，中国人寿 A 股股价已累计上升 14.05%，而同期中国银行 A 股的累计涨幅仅为 4.44%，也正是这近 10 个百分点的涨幅差距使中国银行交出了 A 股市值亚军的宝座。

2007 年 10 月 29 日，中国人寿 A 股盘中再创新高，收于 75.08 元，涨幅达 6.72%，H 股当日也小涨 1.07%，以 52 港元报收。当日，中国人寿总市值达到 19300 亿元（约合 2591 亿美元），超过美国 AT&T 公司的 2529 亿美元，成为新的全球 10 大市值最高公司之一。中国人寿是继中国石油、中国移动、工商银行和中国石化之后，第五家市值进入全球前 10 的中国公司。而“十大”中，美国公司已经减至 3 家，分别是埃克森·美孚公司、通用电气和微软。

2008年在资本市场低迷、金融资产大幅缩水的情况下，中国人寿保险公司的总市值仍居全球上市保险公司第一位，为5 429亿元。2008年，中国人寿总保费收入实现2 956亿元，同比增长50.3%，增速也创重组上市以来的新高。同时，该公司去年累计赔付支出较去年也有所增加，较好地发挥了保险的保障功能。

2009年9月，当人们心潮澎湃地准备迎接新中国60周年华诞之时，险企上市同时也成为保险行业热议的话题。先是天平保险大股东天茂集团宣称，天平保险已与国泰君安签署上市辅导协议；然后是中再集团9月初斥资33亿元入股光大银行，公司总裁吴高连表示，要推动中再集团整体上市，必须在股权投资、资本运作方面多做尝试。不过真正唱大戏的还属与共和国同岁的老牌险企，当年9月24日，中国人民保险集团股份有限公司召开创立大会，公司宣布整体改制收官，中国人保也基本完成其大金融综合经营的布局，将择机在A股上市。国际视野的提升，公司治理结构的完善，都巨大地释放了公司发展的内生动力，企业迅速得到超常规发展。中国人寿、中国平安进入全球《财富》500强企业。

由于金融危机的重创，在国际上很多金融机构市值惨遭缩水、品牌价值一落千丈的情况下，2009年中国人寿保险（集团）公司排名较2008年度提升26位，位列133位，“中国人寿”品牌价值由2008年的668.72亿元人民币上升至824.37亿元人民币。截至2009年9月22日，中国人寿市值达到1 203亿美元、8 220亿元人民币，居英国《金融时报》全球市值500强企业第31位，为全球寿险公司之首。我国民族保险企业拥有了比肩全球顶尖保险企业的雄厚实力。

2010年8月30日收盘，AIG市值合计47.37亿美元。同期中国人寿A股总市值6 385亿元人民币，H股最新市值为2 213.7亿港元，合计约1 223.51亿美元。也就是说，目前中国人寿市值已经是美国AIG的25.83倍，其截至2010年8月31日的A股市值变化图如图2-5所示。

图 2-5　中国人寿 A 股市值变化图（2010 年市值截至 8 月 31 日）

数据来源：财汇资讯

全球保险业在资本市场有 3 个特点：一是保险业控制着 40% 的全球资产；二是保险业对资本的需求巨大；三是在世界 500 强企业中的 60% ~70% 的保险公司都是上市公司。上市是保险业的行业特点决定的，是保险业发展到一定程度必然要走的路，也是唯一的选择。上市后，通过市场力量的兼并和重组为构筑中国的“保险航母”创造有利条件。2007 年年底，中国人寿审时度势，响亮地提出了打造国际顶级金融保险集团的奋斗目标，并按照“三步走”的战略，在巩固寿险、资产管理两大核心主业市场竞争能力的同时，积极稳妥地发展财险、养老险，并为下一步涉足银行、证券、基金、信托领域做好准备。

继 2003 年保险公司上市元年之后，中国保险市场的发展巨大潜力让人们相信，在今后境内外资本市场将会有越来越多的险企身影，会有一批优质企业从容迈向国际顶级金融保险集团。

4. 中国铝业：美国铝业市值的 2.33 倍

六年发展，矢志不渝；铝业巨擘，载誉归来。

2007 年 4 月 30 日，中国铝业股份有限公司 A 股就将在上海证券交易所正式挂牌上市了。作为全球第二大氧化铝生产商、第四大原铝生产商，也是中国规模最大的氧化铝和原铝运营商，中国铝业“海归”之旅备受瞩目。

时代背景决定了中国铝业从成立之日起，就担负着整合铝业资源、振兴民族铝业的重任。成立6年来，中国铝业资产总额从358亿元增至1000亿元以上，销售收入从199亿元增至610亿元，利润从17亿元增至150亿元，已成功跨入世界3大铝工业企业之列。而在国资委管辖的166家企业中，特别是资产规模在1000个亿以上的大企业中，中国铝业的销售收入增长率也一直位居第一。

不妨先看看中国铝业的发展之路。

中国铝业成立之初，就明确了搭建国际资本市场融资渠道，加快企业发展的战略规划。2001年12月，公司在香港、纽约成功发行了H股股份和美国存托凭证，并于12月11日、12日分别在纽约证券交易所和香港联交所挂牌上市。2004年1月6日、2006年5月9日，中国铝业又在香港联交所别成功实施了两次H股配售，累计利用资本市场融资超过120亿元。这极大丰富了中国铝业的资本运营手段，为公司长期、快速、健康发展提供了资金支持。

“创建世界一流企业，打造百年老店，建设和谐中铝”。在这一战略目标的指引之下，中国铝业创造性地实施了通过吸收合并山东铝业和兰州铝业，实现A股上市的战略安排。2005年1月，中国铝业与兰州铝厂签订了关于转让兰州铝业的转让合同，斥资7.67亿元人民币，收购兰州铝业28%的股份（15185.14万股），成为其第一大股东，从而将兰州铝业约16万吨的原铝产能纳入旗下；2005年12月，中国铝业再度出手，以现金出资5.1亿元人民币，为山西关铝注入净值4.9亿元的资产，共同成立华圣铝业，并使其原铝产能达到22万吨；2005年12月，中国铝业马不停蹄，受让焦作万方铝业股份有限公司29%股权的协议，中国铝业同样成为了焦作万方第一大股东，并由此获得其约为27.2万吨的原铝产能；2005年12月，白银有色以红鹭铝业拥有的12.7万吨电解铝及配套设施作为出资，与中国铝业共同出资成立新公司，中国铝业持有新公司51%股权；2006年1月，与山东华盛江泉集团有限公司签订协议，拟收购其拥有年产能10万吨电解铝生产线及其配套设施的子公司60%的股份；2006年1月，与遵义铝业股份有限公司、乌江水电开发有限责任公司及当地政府签订合作意向书，由此持有遵义铝业51%的股权；2006年3月，与辽宁抚顺铝厂签订股权转让合同，受让其持有的抚顺铝业有限公司100%的股权，由此增加电解铝年产能达14万吨。

中国铝业通过3公司吸并登陆A股资本市场，创新了资本市场运作模式，它标志着山东铝业、兰州铝业两家企业股改任务的顺利完成；标志着在现行体制下，中国铝业实施优势互补、优化资源配置的一体化核心战略的实现；标志着中国铝业在实现国际融资的条件下，又成功地搭建起了A股资本市场平台。

上市首日，中国铝业以18.51元报收，涨幅达到180.45%，A股总市值1655.28亿元人民币；同日，中国铝业H股366.39亿港元。按当时汇率折算，中国铝业A股上市首日合计总市值达到289.36亿美元。

至2007年8月底，中国铝业股票市值已超过7500亿元人民币（其中A股总市值6707.5亿元，H股市值842.04亿港元），约合995.18亿美元，是全球最大铝业公司“美国铝业”市值的3.3倍，超过全球第二大矿业公司力拓总市值（950亿美元）。截至2010年8月31日，其A股市值变化图如图2-6所示。

截至2010年8月30日，美国铝业公司市值100.56亿美元；同期中国铝业A股市值1379.5亿元人民币，H股市值244.53亿港元，中国铝业最新总市值234.3亿美元，是美国铝业的2.33倍。

时代的背景，政策的协同，行业的机遇，市场的前景，加上自身的勤勉与专业，中国铝业必将以科学优良的公司治理、稳健规范的管理运营、持续成长的业绩回报，成为中国证券市场蓝筹股的典范。

未来的中国铝业，资本运作的平台将更加完善，资源优化配置、战略协同的效应将更加显著，在资本市场和投资者的期许中，在中国经济持续健康发展的大潮中，必将有更加精彩的表现。

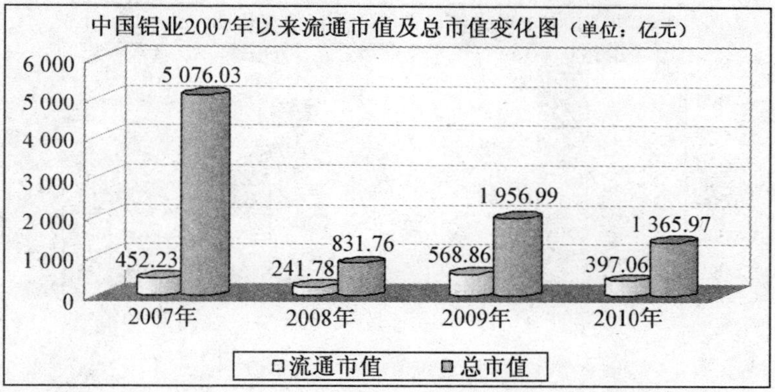

图 2-6　中国铝业 A 股市值变化图（2010 年最新市值截至 8 月 31 日）

数据来源：财汇资讯

5. 中国神华：超越皮博迪成就煤炭老大

2007 年 10 月 9 日，在董事长陈必亭敲响上海证券交易所的开市锣之后，首日上市的中国神华直接从 68 元开盘，最终以 69. 3 元报收，比 36. 99 元的发行价格高出 87. 35% 。

中国神华是真正的“王者归来”，首发冻结资金总额 2. 7 万亿元、融资额 665. 82 亿元都创 A 股发行上市 18 年以来纪录。

从基本面上看，除了是全国最大的煤炭生产商和出口商外，中国神华还是国内唯一拥有铁路和港口组成的大规模一体化运输网络的煤炭公司，并在国内经营电厂业务。这种综合经营方式产生了较强的协同效应。2006 年中国神华煤炭产量 1. 36 亿吨，销量达到 1. 72 亿吨，为国内第一，世界第二。

从市值的角度看，中国神华上市首日为股市带来 1. 14 万亿市值，当日上证指数也微涨 23. 14 点，沪深两市总市值在前一交易日 25. 86 万亿元的基础上，一日之内连破两个整数关口，跨过 27 万亿元。中国神华也成为第五只 A 股市值过万亿的公司，并超越中国银行位列第四名，其截至 2010 年 8 月 31 日的 A 股市值变化图如图 2-7 所示。

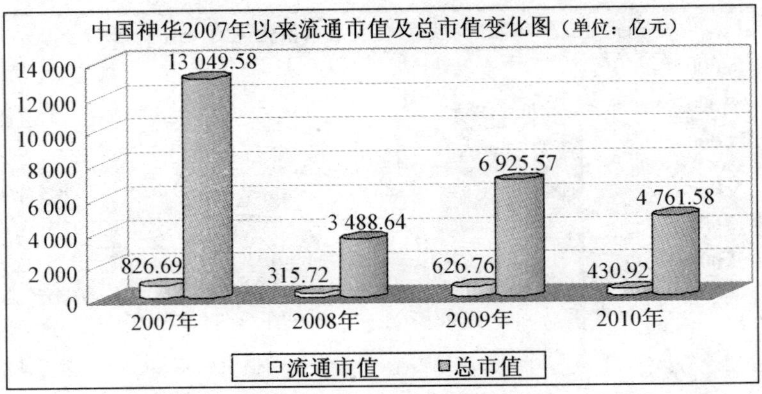

图 2-7 中国神华 A 股市值变化图（2010 年市值截至 8 月 31 日）

数据来源：财汇资讯

对于市值不到 6 000 亿元的国内煤炭板块来说，中国神华登陆 A 股是一次巨变。中国神华轻轻松松带领煤炭板块进入万亿元市值“俱乐部”；另外，神华净利润是 2007 年煤炭股 15 家公司总和的 2 倍，这意味着整个煤炭股的市盈率将发生天翻地覆的变化。

在中国神华登陆 A 股之前，澳大利亚必和必拓公司（BHPBilliton）、巴西淡水河谷公司（CVRD）和力拓公司（RioTinto）分别以 2 140亿美元、1 540 亿美元和 1 280 亿美元的总市值，位列全球前 3 大市值最高的矿业公司。而登陆 A 股后的中国神华，根据上市首日收盘价，总市值达到 1 738. 67 亿美元，跃居全球第二。不仅如此，中国神华的回归对内地资本市场也有巨大意义。中国神华上市以后，上证所总市值已经成功站稳 20 万亿元，跻身全球前 6 大交易所之列。

其实，中国神华在香港已经创造了一个“中国神话”。2005 年 6 月 15 日，中国神华在香港联交所上市，两年来，公司股价升幅超过 5 倍。

不过，如果放眼全球，中国神华还有一个榜样可以参考，那就是世界最大的煤炭企业皮博迪能源（Peabody Energy）。这家为美国提供了 1/3 所需发电煤量，全球市场份额超过 2% 的公司，股价自 2002 年 7 月的 5. 01 美元（复权价）开始上涨，到 2006 年 5 月达到最高点时股价上涨了

17倍。截止到目前，皮博迪的股价仍然上涨超过10倍，即5年10倍。

中国神华A股亮相后，先是两个涨停，接着又一个9.86%的涨幅，至2007年10月16日，综合A股和H股，中国神华的总市值已突破2200亿美元，成为世界上市值最大的矿业企业，这一市值约是皮博迪的16倍。

中国神华到底能不能担当这一老大的称呼，还是从当时的盈利能力及估值水平去看。

从煤炭企业的资源属性分析，以市场价计算，皮博迪每吨可售储量市值为1.51美元。而中国神华除去电力资产因素，每吨可售储量市值约为19.76美元。这意味着，购买同样的煤炭资源，买中国神华比买皮博迪贵16倍。

从业绩上看，2006年中国神华的净利润为21.9亿美元，仅是皮博迪的约4倍。进入2010年，皮博迪第一财季每股盈利41美分，营收15.2亿美元，与2009年同期相比分别下降18%、4%（2009年同期，皮博迪能源每股盈利为50美分，营收为14.6亿美元）。在2010年1月份，皮博迪能源报其2009财年第四季度盈利下跌了69%，主要是受公用事业和钢铁制造商对煤炭的需求降低的影响。该公司预计在2010年将增加资本支出大约1倍至6.5亿美元，以扩大生产。中国神华2010年第一季度净利润92.4亿元人民币，同比增长16.5%；第一季度收入为328.05亿元，按3月31日汇率计算约合48.06亿美元，相当于同期皮博迪的3.16倍。

从估值的角度看，皮博迪能源股价在今年第一季度内下跌了近5%，同期中国神华股价下跌17%。皮博迪公司过去5年的平均市盈率为33.9倍，2010年8月底市盈率为28.4倍；而中国神华过去5年的平均市盈率为19.68倍，至2010年8月底市盈率为16.02倍。

显然，中国神华目前业绩水平已经令皮博迪望尘莫及，其估值更是远远低于皮博迪能源。煤炭行业老大的位置，中国神华坐得心安理得。

6. 万科A：19年市值增长154倍

近20年来，有137家深圳本地股在A股上市，其中相对于发行价涨幅在10倍以上的个股有28家，房地产板块占据7席。涨幅榜中排在最前列的是万科A，1991年1月29日上市至2010年8月30日，经过多次送股分红，复权后股价881.81元，相对于1元的发行价来说，目前股价涨幅已达到880.81倍。

总市值方面，万科A上市首日总市值为6.03亿元，至2010年8月30日总市值达到932.39亿元，不到20年的时间总市值增加了153.63倍。

值得注意的是，房地产行业龙头股市值全球第一的争夺战，发生在A股市场的万科A与香港市场的中国海外发展之间。万科与中国海外发展分列沪深地产上市公司与内地在港上市房地产公司综合实力榜首。身为A、H股地产板块龙头，两家公司的股票市场表现一度成为房地产市场的方向标。

身为A股地产板块龙头，万科A的股票市场表现一度成为房地产市场的方向标。

自2006年进入牛市以来，相对于中国海外发展，万科A的股票市场表现更胜一筹。2006年底，万科定向增发一次性募集资金达42亿元，超过此前5年的总和；2007年8月，万科以31.53元每股的价格公开增发，融资100亿元。不到10天之后，万科再度宣布发行59亿元的公司债。创下当时A股市场的最高融资纪录。

销售数据显示，2005年，万科销售额超过139亿元；2006年，万科销售212.3亿元；2007年，万科销售额已达484亿元；2008年，万科全年销售额为478.7亿元，同比降低8.6%；2009年房地产市场大幅回暖，万科全年累计销售金额达634.2亿元，在国内房地产企业中率先突破600亿元。受金融危机影响，美国最大的房地产企业帕尔迪2009年销售收入为38.7亿美元，因此万科继2008年后蝉联全球住宅企业销售冠军。

从年销售额几亿元到上百亿元，万科用了十几年；而从100亿元到

400 亿元，只用了短短两年；从 400 亿元到 600 亿元，万科更是仅用了 1 年。在营业收入和净利润等指标上，万科也重新回到了上市以来的持续增长轨道。2009 年内实现营业收入不仅较 2008 年大幅上升，比市场调整前的 2007 年也分别增长了 37.6% 和 10%，其截至 2010 年 8 月 31 日的 A 股市值变化图如图 2-8 所示。

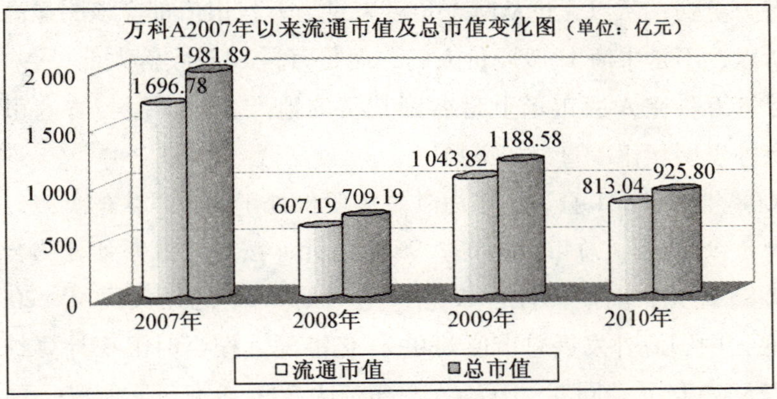

图 2-8　万科 A 股市值变化图（2010 年最新市值截至 8 月 31 日）

数据来源：财汇资讯

同期，中国海外发展也有着不错的业绩表现。2009 年报营业额 373.22 亿港元，与 2008 年的 188.92 亿港元的营业额相比大增 97.55%，这已经是连续第四年增长；在 2006 年至 2008 年，中国海外发展营业额同比分别增长 37.57%、52.45%、13.59%。公司每股基本盈利也保持了大增，2005 年至 2009 年，中国海外发展每股基本盈利分别为 0.24 港元、0.355 港元、0.569 港元、0.642 港元、0.916 港元，同比增幅分别为 40.35%、47.92%、60.28%、12.83%、42.68%。

业绩方面，两家公司不分伯仲，市值方面也几乎不分上下。

万科 A 2006 年末市值达 675 亿元，同比上升 321%，股价全年上涨 263%；进入 2007 年后，万科 A 总市值更是突破 3 000 亿元，一度成为内地及香港上市房企中市值最高的企业，相应的是万科股价 1 年之间狂飙（自 2006 年 8 月 7 日起截至 2007 年 8 月 30 日，万科股价升幅为

792.82%)。而同期美国 PulteHomes、D. R. Hor - ton、Lennar、Centex 4 大房地产公司折合人民币的总市值为 1 376 亿元。然后瞬间牛熊转换，万科也巅峰不再。以当年 9 月 8 日的价格计算，万科以 A 股股价计算的市值为人民币 666.6 亿元，中国海外以 H 股股价计算的市值为人民币 746.73 亿元。在中国地产界，万科显然要比中海规模更大、利润更高、发展潜力更强；所以无论从哪个角度来讲，万科市值都应该明显高于中海。所以，不是中海 H 股股价太高，而是万科 A 股股价太低。

尽管万科在 A 股市场上是名副其实的地产龙头，但与香港市场的中国海外发展相比一直处于下风。

2008 年 10 月 31 日，中国海外发展股价处于调整以来的低点，当日收盘为 8.48 港元，总市值为 692.99 亿港元，按当时汇率计算约合人民币 609.83 亿元；同期，万科 A 总市值为 646.52 亿元人民币。2008 年 12 月底，中国海外发展总市值 880.94 亿港元，按当时汇率计算约合人民币 775.23 亿元；同期，万科 A 总市值为 709.19 亿元。显然，两家公司在争夺全球房地产企业市值第一方面展开了一场拉锯战。

时至 2010 年 8 月 30 日，万科 A 总市值为 932.39 亿元，同期中国海外发展 1 348.38 亿港元，约合人民币 1 542.24 亿元，差距正逐渐拉大。

尽管万科 A 让出市值第一宝座，但在宏观调控背景下，上市央企抗跌性渐强，这场行业市值第一的争夺战或将更加激烈。

◇◇◇◇◇限售股占比仅 10%
A 股跨进全流通◇◇◇◇◇

2008 年，中国股市实实在在地进入了全流通时代元年。正如 2001 年的国有股减持让投资者瞬间走进了地狱一样，股权分置改革却将投资者送进了天堂。

2008年6月17日，第一批进行股改的三一重工，共5.18亿股限售股全部解禁，此后该公司将不再有存量限售股。这意味着作为股改的一个标志性事件，三一重工成为A股市场首家存量全流通公司，一个对A股市场影响深远的“全流通时代”就此拉开序幕。当时，A股市场流通市值占总市值的比重仅为25%左右。

2009年7月6日，随着中国银行1713.25亿股（收盘市值8086.56亿元）首发限售股解禁，沪深股市A股流通股首超非流通股。这样，在理论上可以说，股市真的已经进入到全流通时代了。A股流通股数与非流通股数之比，从股改前的25%，到2009年7月6日的大于50%，这对于股改有着标志性的意义，A股全流通进程过半。这也表明，股权分置不仅仅在形式上，而且在本质上获得了基本解决，大小股东之间因为股权都能够流通，因此也就有了共同的利益基础，从而真正解决了这个困扰中国资本市场多年的问题，为股市的有序发展提供了现实条件。而且随着限售股的不断获得流通权，机构在流通市值中所占的比例极大提高，如此一来，股市逐渐进入了机构化时代。

沪深A股全流通公司家数变化图如图2-9所示。

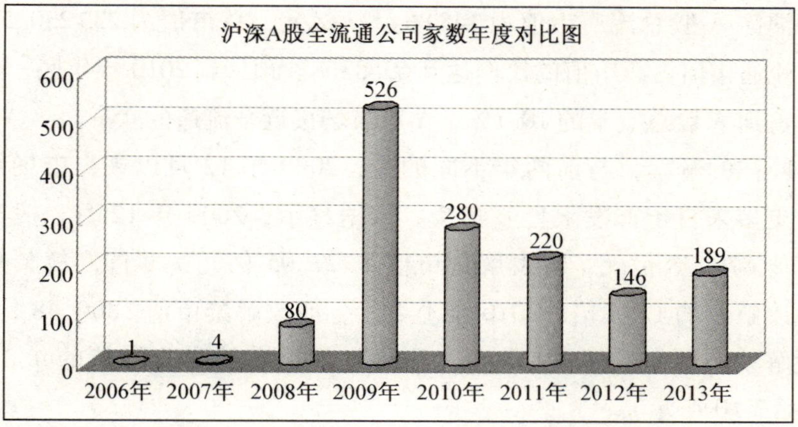

图2-9 沪深A股全流通公司家数年度对比图

数据来源：财汇资讯

伴随2009年7月限售股解禁高峰的度过，两市流通盘急剧扩大，流通股市值首次超过非流通股规模。

截至2009年8月3日，沪深A、B股总市值为23.9406万亿元，其中流通股市值达11.9705万亿元，超过限售股市值4万亿元。两市流通市值从2008年底的4.5万亿元起步，2009年1月以来以惊人速度增长，至当年8月初已逼近12万亿元，2009年前8个月两市流通市值增长166%。值得注意的是，2009年下半年限售股解禁规模比上半年激增4.6倍，截至2009年年末，流通A股增加至13871.02亿股，而限售A股将减少至6154.54亿股，占总股本比例为23.80%。也就是说，A股可流通股比例将达76%，将变成1/3非流通股、2/3流通股，中国A股开始进入了全流通时代。

进入2010年，A股向全流通时代更进一步。2010年，全年涉及限售股解禁的上市公司共有766家，合计解禁股数为3791.15亿股，为2009年全年的53.65%，环比接近减半，但合计解禁额度却高达59307.96亿元，比2009年增加21.37%，占A股总市值的25.62%。

截至2010年8月30日，沪深A、B股总流通市值为150716.86亿元，总市值为235108.52亿元，流通市值占总市值的比例达到64.11%；同期沪深A股总流通市值为148864.95亿元，总市值为233230.58亿元，流通市值占总市值的比例达到63.83%。预计到2010年年底，限售股仅占到A股总股本的10.1%，A股市场接近全流通的状态。

同样的解禁，与前两年不同的是，2009年12月以来，市场解禁压力更多来自于首发限售股解禁。数据显示，2009年12月，股改解禁市值670.78亿元，首发解禁市值1327.05亿元，即首发解禁规模是股改解禁的1.98倍。2010年上半年，股改解禁市值2800.48亿元，首发解禁市值11780.49亿元，首发解禁规模是股改解禁的4.21倍（如图2-10所示）。

在海外股市中，美国上市公司的股权是极度分散的，大部分股票处于流动状态；日本上市公司的股权则相对集中，相当部分在事实上是不

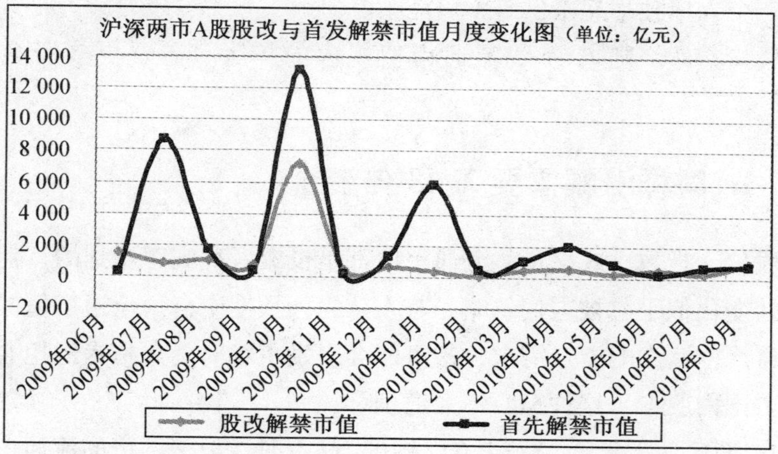

图 2-10 股改与首发月度解禁市值变化对比图

数据来源：财汇资讯

参与流通的；而它们都被认为是成熟市场。现在看来，中国股市在这方面可能与日本股市比较相像。在这个时候，作为普通投资者最需要考虑的问题是，首先如何从宏观与微观的角度来认识市场，评估上市公司的估值；其次则是怎样以平和的心态来看待限售股的解禁问题，客观评价非流通股变成流通股的影响；第三则是理性操作具有较大解禁数量的股票，不因为其流通股将大幅度增加而惊慌，也要留意在股票估值过高时这些股票可能遭受的较其他股票大得多的套现压力。

◇◇◇◇◇感受资本力量◇◇◇◇◇

一个成年人举起一个 10 斤的重物，可以说轻而易举，当重物变成 100 斤时再想举起，就要费力很多。假如重物变成 300 斤、500 斤时，那么一个人单独举起来已是不可能了。

股指亦然。随着A股流通市值规模的扩大，需要更多资金推动市场。

1. 同样涨幅需要2.48倍资金

股价、指数、成交量、流通市值都是投资者直观感受到的，但资金力量的变化似乎总被人们忽略。有人认为，预期中自由流通市值的可观增长将产生巨大的资金需求，这可能会引发市场对资金枯竭的担心，从而打击国内股市。这种担心不无道理。

在2007年上证A股站上6124历史高点时，沪深两市的流通市值约为8.9万亿元；2009年7月底，沪市收盘大致在3400点，沪深两市流通市值约为11.6万亿元；而在2010年4月中旬下跌的起点位置（2010年4月19日），上证指数在3000点附近，而流通市值则超过了15万亿元；2010年6月，上证指数在2500多点，流通市值依然高达13万亿元（这是上证指数6000点时的1.5倍还多）。以此计算，当下A股实际上已经超过了9300点。

这意味着流通市值的扩大，直接令市场资金显得力不从心。

数据统计可以看出，2007年，4—6月股指放出巨量，当时是在4000点时代，说明这里是一个较大的阻力区，而到了2009年，股指刚刚到3200—3400点一线就进入到了强阻力区，连续出现了两个月的巨量，7月的4.8万亿元，11月的3.9万亿元，动用资金量更大，而阻力区却更低，这就是流通市值扩大后带来的直接影响。

2010年上半年，A股持续低迷，迟迟无法止住下跌趋势。总结起来就是流通市值迅速膨胀之后，市场资金无法跟随发展，导致市场出现了资金断档，而上涨是需要资金的累积支撑；同时市场大量发行新股实行抽资，使得本就失血的市场更加缺血。

而从历史上来看，每一个底部的出现，无一不是向市场注资而出现，包括最近的2008年四季度创造的1664点底部，也是伴随着4万亿元刺激政策和超宽松的货币政策，使得资金大量流入股市、楼市而出现，从这个角度判断，2010 年的 6 月最低可能还不是底部。

暂且不过多讨论股市大底的问题，我们很清楚地看到，流通市值的扩大，最明显的影响就是股指要想上涨就需要付出更多资金。

在 2007 年三四月，A 股只用了 5.6 万亿元成交量就将股指从2 700点拉高到4 100 点，涨幅52%；而到了 2009 年六七月，动用了近 8 万亿元成交量，却只是将股指从 2 668 点推高到了 3 454 点，涨幅尚不足30%。按此估算，在 2007 年三四月，股指每上涨 10% 需要 1.077 万亿元的资金，而 2009 年六七月，股指每上涨 10% 则需要 2.667 万亿元，拉动股指上涨需要的资金足足增加了 1.48 倍。

其实，投资者大可不必过分忧虑，鉴于国内市场充裕的资金（2009年，居民储蓄存款 26.08 万亿元人民币，若包括企业存款在内，存款总数达 38.33 万亿人民币）和各种机构投资者的发展，如合格境外机构投资者（QFII）、社保基金、基金、保险机构、企业年金等，股市的资金总体供需状况可以基本保持平衡。截至 2010 年 8 月底，QFII 累计获批额度 177.2 亿美元，与 2003 年底的 17 亿美元相比，增加了 9 倍，获批额度占到 A 股总市值的 8%。

面对流通市值越来越膨胀、股指期货可能分流大量资金的股市，普通投资者需要怎样调整自己的战略呢？资金是行情的执行者和创造者，没有资金的推动，股市永远无法出现像样的行情。因此投资者当下可做的就是“无为”，只有站在市场的一边继续等待市场的变化，而不是以卵击石站在市场的对立面。

2. 持股占比仅 4%，尴尬的基金话语权

基金经理的操作一直是很多股民追随的对象，甚至很多人将基金看作是一个大“庄家”，认为其可以掌控个股乃至股市的命运。这话在两三年前还有一定道理，但现在就不是这样了。

由于市场变化了，股票方向基金资产净值占 A 股流通市值比例这

个指标也变了。随着股权分置改革的完成，A股走向全流通，基金管理规模的增长速度明显慢于流通市值爆发式的增长速度。

从近两年的数据来看，基金的A股市场影响力在逐级下降。根据官方统计数据，股票方向基金资产净值占A股流通市值的比例，在2005年底，这一比例曾达到47.1%；2006年，这一比例锐减至36.19%；大牛市的2007年达到36.12%，与2006年基本持平。半年后，2008年6月30日，这一占比迅速降至29.92%，再到2008年12月31日，股票方向基金资产净值缩水16 636.23亿元，占A股流通市值的比例继续降至28.83%。到2009年6月30日，沪深A股流通市值合计92 000亿元，按照资产净值口径统计，股票投资方向基金18 940.22亿元，资产净值占A股流通市值的比例为20.59%。而随着大小非的解禁（即市场全流通），以及市场规模的扩大，基金占A股流通市值比例2010年将有望降至10%左右，基金资产净值占A股流通市值比例变化如图2-11所示。

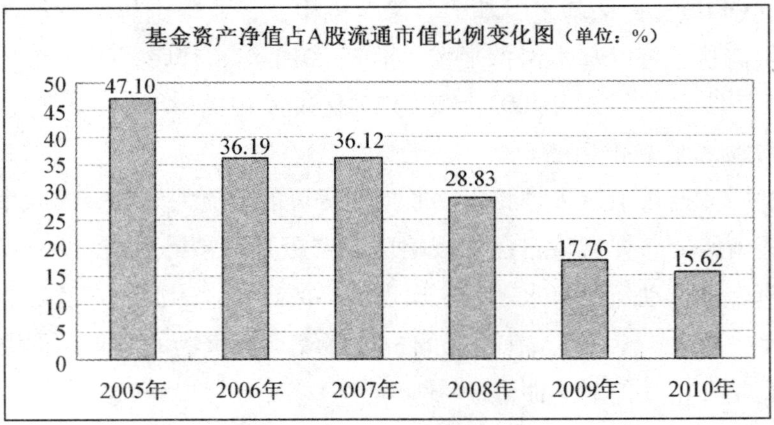

图2-11　基金资产净值占A股流通市值比例变化图

数据来源：财汇资讯

如此看来，面对变化着的市场，所有投资者，哪怕是类似巴菲特这样的大资金，也是渺小的。虽然基金也在扩容增强实力，但面对扩容速度更大的A股市场，也只好眼睁睁成为市场的“小角色”。

其实，基金也并非坐以待毙，但遗憾的是，基金规模增速远低于市值增速，这直接造成了公募基金话语权日渐旁落的无奈局面。

截至2010年6月初，公募基金总数首次突破600只。据统计，公募基金突破首个100只，耗时长达5年半。从100只发展到200只，经历了整整两年时间；第三个和第四个100只基金均经历了一年半左右时间。第五个100只基金，用了1年的时间。第六个100只，则仅用了不到10个月的时间。

然而，基金产品爆发式增长仍然没有阻挡其话语权旁落的趋势。

在总市场份额方面，2009年底，基金持股市值占A股流通市值的比重将下降至12.48%，2010年底将下降到8.97%；在主要股指的占比上，2007年底，基金持股市值占沪深300指数流通市值比重达到33.52%的峰值，2010年底将下降到9.8%；从基金持股市值对权重股的影响力看，以基金持股市值占沪深300指数流通市值的前50%权重股的流通市值比重为例，2007年底达到35.76%的峰值，2010年底将下降到4.38%，基金持股市值占A股流通市值比例变化如图2-12所示。

图2-12　基金持股市值占A股流通市值比例变化图

数据来源：财汇资讯

在公募基金形成一定规模时，具备市场话语权甚至定价权；但随着基金话语权旁落，在产业资本、保险、私募等机构的夹击之下，公募基金不得不修正原有“游戏规则”，以适应新的身份。之前基金经理倾向于价值投资，通常基于对上市公司业绩的预测和合理的 PE 评估股票的价值，较少考虑市场趋势的作用，坚持买入并持有的策略。如今，很少有基金经理不看市场趋势，走纯粹价值路线。话语权旁落后，在产业资本的威慑之下，失去资金优势后，多数基金采取被动跟随策略。

转型必伴痛苦。然而没有痛苦，何来涅槃重生？

第 三 篇

创新一二三“保驾”跨越发展

创新是一个民族进步的灵魂，是国家兴旺发达的不竭动力。在证券市场，制度变革、产品创新和机构资金渠道拓展成为人们关注的焦点。

股市的创新，可以归结为4个阶段，可用4个经典诗句做形象概括：中国资本市场初步形成阶段，那是“小荷才露尖尖角”；从1993年到1998年，邓小平南巡讲话推动了中国资本市场的萌芽和发展，“名湖塘畔清香漫”正形容出投资品种次第开花、诱人清香；1999—2009年，在“股改”春风的沐浴下，基金、期货、债券等新产品百花齐放，所谓“映日荷花别样红”；2010年，股指期货和融资融券犹如“芙蓉向脸两边开”，让股市左右逢源。

在制度创新方面，“国九条”引发的“股改”不能不说，A股上市公司在实施对价方案过程中，承继了古人“楚弓楚得”的大智慧。而对于治理市场顽症，我们欣喜地目睹了“新股不败”神话的破灭，也清晰可闻“扬善除恶”战役吹响的号角。

2010年，股指期货来了！融资融券来了！在饱受“7牛7熊”煎熬之后，两项新业务结伴而来，投资者终于既可“做多”赚钱、又可“做空”受益。中国内地股市在其20岁之际迈入了“做空时代”。

另外，作为股市主要参与者的基金，也驶入创新快车道：一方面是绿色审核通道开通，基金业大洗牌；另一方面是公司专注纵深拓展，基金竞争力快速提升。

所以，作为一个发展仅20年的证券市场，创新的实质意义远远大于其形式意义……

◇◇◇◇◇产品创新“四步”走◇◇◇◇◇

伟大的创新给人类创造了无穷的奇迹。

股市中充满智慧，正是创新把它维持在极高水平。说白了，股市就是创新的场所，创新的性质决定财富最终将流向最新奇的那个产品。

在短短的20年里，我国股市在创新方面已经实现了“四步”走。

从市场成立之初仅有股票、国债等少数交易品种，发展到包括股票、证券投资基金、权证、公司债、可转换公司债、资产证券化产品、国债回购、商品期货等在内的投资产品体系，初步形成了主板、中小板、创业板、股份代办股份转让系统在内的有机联系的多层次证券市场。当前，中国证券市场已经进入“后股改时代”，市场运行机制、内在结构和功能方面都呈现出新的特征，表现为市场规模迅速扩大，新产品新业务不断推出，市场参与者更加多元化。在发展、规范中国证券市场的过程中，注重与保持产品创新是重要的推动力，积极推进产品创新成为重点工作之一。

1. 1981—1992年：“小荷才露尖尖角”

1981年7月，国库券开始发行，从1982年起，最初的企业债开始出现，1984年，银行开始发行金融债，这一切唤醒了人们的投资意识。1984年11月18日，飞乐音响成为我国改革开放后第一家向社会公开发行的股票，被誉为中国改革开放的一个信号。此后，便有上海“老八股”、深圳“老五股”。1992年2月，真空电子B股上市，B股市场就此诞生，解决了向境外投资者融资的问题。

期货产品也是"小荷才露尖尖角"。1990年10月，中国郑州粮食批发市场经国务院批准，以现货交易为基础，正式引入期货交易机制。从而作为我国第一家商品期货市场，迈出了中国期货市场发展的第一步。1992年10月，深圳有色金属交易所推出了中国第一个标准化期货合约——特级铝期货标准合同，实现了由远期合同向期货交易过渡。

中国基金业真正起步于20世纪的90年代。1991年7月，发行规模达6930万元的珠信基金成立，它是国内发行时间最早的基金，标志着我国投资基金的起步。1992年，中国投资基金业的发展异常迅猛，当年有各级人行批准的37家投资基金出台，规模共计22亿美元。

1992年10月19日，深圳宝安企业（集团）股份有限公司发行1992年认股权证，发行总量为2640.31万张。这是中国首家发行权证的上市企业。尽管经历4年的大起大落后，权证于1996年6月退出证券市场，但在这4年间，权证市场达到相当的规模。

至此，新中国资本市场初步形成，这个过程时时与"创新"相伴。没有创新，股票、债券、期货、基金、权证等新鲜投资品种不会诞生，可谓中国股市创新的第一阶段。

2. 1993—1998年："名湖塘畔清香漫"

邓小平南巡讲话，推动了中国资本市场的萌芽和发展，投资品种次第开花，中国股市创新进入第二阶段。中国资本市场逐渐呈现一派生机，并且散发出阵阵诱人清香，可谓"名湖塘畔清香漫"。

1993年，股票发行试点正式由上海、深圳推广至全国，打开了资本市场进一步发展的空间。在政府的引导下，随着股份制试点企业的增加，我国股票发行规模不断扩大，股票发行涉及境内人民币普通A股、供境内外法人和自然人购买的人民币特种股票B股，还有H股和N股等。

债券方面，投资品种不断翻新，但发行规模得到治理整顿。1992年，编制的企业债券发行规模计划达到350亿元，大大超过同时期股票发行量；在品种方面，主管部门安排了住宅建设债券、国家/地方投资公司债券等7个品种的债券。1994年企业债券发行计划实际上被取消，不过随着各政策性银行的成立，当年政策性金融债券开始诞生。1998年8月，正式发行了国内第一支可转换债券，债券市场开始理性探索，品种渐趋完善。

期货方面，上海期交所的铜、铝，大商所的大豆，郑州商品交易所的小麦等发展相对成熟的期货品种脱颖而出，成为这一时期期货市场创新的最终果实。

基金方面，1992年有37家投资基金经各级人民银行或其他机构批准发行，其中“淄博乡镇企业基金”于1993年8月在上证所挂牌交易，是第一只上市交易的投资基金。截至1997年底，全国共有投资基金72只，这一时期基金组织形式相对单一（72只基金全部为封闭式，且70只均为契约型）；1997年10月出台的《证券投资基金管理暂行办法》，成为基金业发展的分水岭，1998年3月，金泰、开元证券投资基金的设立，标志着规范的证券投资基金开始成为中国基金业的主导方向。

在中国股市创新的第二阶段（1993—1998年），中国资本市场取得实质性的发展，上市公司数量、总市值和流通市值、股票发行筹资额、投资者开户数、交易量等都进入一个较快发展的阶段。沪、深交易所交易品种逐步增加，由单纯的股票陆续增加了国债、权证、企业债、可转债、封闭式基金等。

3. 1999—2009年：“映日荷花别样红”

近10年来，在监管部门的鼓励支持下，证券经营机构积极进行业务创新、产品创新和组织创新，各种新业务和新产品不断涌现，陆续推出了权证、可转换债券、可交换债券、资产证券化产品、集合收益计划产品等新的金融产品，并积极探索开展融资融券、股指期货等创新业务。

股票方面，一场“开弓没有回头箭”的改革，使中国以特有的方式一举攻破困扰股市发展的头号难题。2005年初，两市1 349只A股股票流通股股数只占市场总股本的30.72%。2005年4月29日，中国资本市场启动了史无前例的、具有颠覆性的股权分置改革。2009年8月底，两市A股流通股股数占市场总股本的比例提升至51.94%。股权分置改革为中国资本市场的快速发展奠定了基础，成为全球资本市场关注的焦点。2005年5月深交所设立中小企业板，并于2009年9月开闸创业板；同时，为了配合主板市场的退出机制，设立了代办股份转让系统。这意味着中国资本市场多层次的投资体系得到进一步的完善。

基金品种日益多样化，投资风格逐渐凸显。从1998年第一批以平衡型为主的基金发展至今，基金风格类型更为鲜明，为投资者提供了多方位的投资选择。截至2010年8月底，共有61家基金管理公司（纽银梅隆西部基金2010年7月中旬成立）管理了31只契约型封闭式证券投资基金和609只开放式基金，并出现积极成长型、成长型、稳健成长型、增值型、收益型、平衡型、价值优化型、价值投资型、增强指数型、完全复制指数型、中小企业成长型等多种投资风格类型。面对加入世贸组织后的竞争格局，基金管理公司开展广泛的对外合作，推动基金产品与运营的创新为中国加入国际金融市场竞争奠定了基础。最新推出的“一对多”特定资产管理业务，则是完善市场功能所必需的、有实际价值的产品，对基金投资者意义深远。

期货市场品种少、结构单一的问题一直是制约我国期货市场发展的障碍，2007年以来，我国期货新品种创新明显加快，目前共有21个期货品种上市交易，已经涵盖了农产品、有色金属、能源、化工、纺织以及贵金属等领域。2008年，我国商品期货成交量已占全球的1/3，中国已经成为全球第二大商品期货市场和第一大农产品期货市场。2010年推出的股指期货，也为资本市场增添了更多期许。经过近10年的发展，期货市场品种琳琅满目，结构实现了多样化、全面化。

此外，可转换公司债券、银行信贷资产证券化产品、住房抵押贷款证券化产品、企业资产证券化产品、银行不良资产证券化产品、企业或证券公司发行的集合收益计划产品以及权证等新品种出现，丰富了资本市场交易品种。

4. 2010年股指期货+融资融券："芙蓉向脸两边开"

2010年，中国股市又迎来两大创新业务——股指期货和融资融券。两大创新业务同步进行，既可做多，亦可做空，中国股市这次创新可谓"芙蓉向脸两边开"。

实际上，股指期货和融资融券，作为今年证券市场两大要推出的创新业务，基本上是同步进行的，进展相当快。虎年伊始，一系列程序已经走完，正式推出条件已具备。

先看股指期货。沪深300股指期货首批4个合约于2010年4月16日同时在中国金融期货交易所挂牌，中国资本市场单边市就此终结，股指期货新时代大幕拉开。从2006年2月8日上海金融衍生品期货交易所获准筹建，到2006年9月8日中国金融期货交易所正式挂牌，再到2010年1月8日国务院原则同意开展证券公司融资融券业务试点和推出股指期货品种，直至2010年4月8日中国金融期货交易所举行股指期货启动仪式，4月16日股指期货品种正式开始交易。历时4年，1560个日夜的酝酿筹备，千呼万唤的做空机制终于破茧而出。

再看融资融券，最核心的标的证券与担保品范围已于2010年2月22日发布，标的证券为深证成指的40只成分股和上证50指数的50只成分股，总共90只股票。就是说，投资者进行融资融券业务，向证券公司借钱去买股票或者融券，只能在这90只股票范围内。2010年3月31日，融资融券业务试点正式启动。由于这一创新业务并不改变上市公司基本面，加上启动初期交易规模有限，因此市场反映较为平淡。融资融券业务的开展，结束了中国资本市场长期以来的"单边市"局面。尽管短期内融资融券业务对大盘蓝筹股提振作用可能不明显，但从长效看，其对中国资本市场的调节、助推作用将逐渐显现。因此，广大投资者应尽快告别原先"死了都不卖"的操作思维，要学会止盈止损。

2010年推出的这两大创新业务，和大家平时熟悉的股票操作实际上有很大区别，和以前推出的创新业务也不同。比如，2009年推出的创业板，虽然在中国A股市场是全新的，但还是股票，操作上没有什么差异。而股指期货和融资融券则完全不同，最大的差异是这两个业务均使用了杠杆效应，并且首次引入做空机制。

融资融券并不是简单地向证券公司借钱或者借股票，这种借贷是放大的。我们现在买卖股票必须支付全额资金，比如，投资者有10万元资金，买1只股价为10元的股票，只能买1万股（不算手续费，下同）。但是，如果投资者向证券公司融资，所买股票数量可以大大增加，先用10万元买入1万股股票，然后用股票进行抵押担保作为融资的保证金，假设该股票证券公司认为折算率为70%，那么，就有相当于7万元的保证金，按现在制定的保证金比例50%计算，可以向证券公司借14万元。如果该股票属于上证50指数或者深证成指的成分股，那么投资者可以用借来的14万元继续买入该股票，如果股价仍然为10元，可以再买1.4万股。如此这样，同样是10万元资金，所买股票的数量变成2.4万股，假如该股上涨，可以赚得更多；当然，倘若该股下跌，投资者的亏损也同步放大。

股指期货的杠杆效应更大，因为保证金比例更小，中金所现在规定最低保证金比例为12%，即使期货经纪公司出于安全因素将保证金比例提高到15%，投资者买一个合约所支付的资金还是很少的。其实，按现在每1点300元计算，一个沪深300股指期货的合约是非常贵的，如果沪深300指数是3000点，那么，一个合约的价格为90万元，要全额支付没有几个人买得起，如果当成一只股票，肯定是最贵的天价股票。即使按15%的保证金比例计算，买一个合约也要13.5万元，远远高于股票最小买入金额，这就是为什么股指期货拒绝资金很少的散户参与的原因。问题是价格涨跌造成的收益或者亏损是按合约90万的价格计算的，而不是按15%保证金（13.5万元）计算，这个放大效应就更加可怕了。假如沪深300指数下跌10%，而投资者建了一个多头合约，那么投资者的损失就是90万元的10%，即9万元，如果指数跌15%，投资者又没钱追加保证金，那么就将被强制平仓，这13.5万元就分文不剩了。杠杆作用使得做股指期货有可能将投资者的钱全部输光，而做股票基本上是不可能的，这就是期货市场风险远远高于股市的原因。

此外，这两个业务都可以做空，股指期货可以融券，就是可以向证券公司借股票。

在两大业务推出之前，股票市场遇到熊市所有股票全部下跌，做得最好的人无非就是清仓，但只是没有损失，还是无法赚钱。有了融券，就可以在股票下跌前先借股票卖出，然后到低位买回相同数量的股票还给证券公司，在熊市中照样可以赚差价。而股指期货也是如此，可以建一个空头合约，股市下跌照样可以赚钱。这些新特点打破了股票市场原先的习惯思维，读者是否已调整好了思路，准备享受更为刺激的投资人生了呢?

◇◇◇◇制度创新"长征"8年◇◇◇◇

中国股市的从无到有、从小到大的历史，无时无刻不渗透着监管层的良苦用心和聪明才智。可以说，中国股市的发展史就是一部证券市场的制度创新史。尤其在近几年，随着证券市场有关法制建设的逐渐完备，金融商品的创新目不暇接。然而，进一步发展中国证券市场，提高证券市场可持续发展能力的关键不在于"量"的扩张，而在于"质"的提高。而合理开发、利用和配置证券资源的同时，完善资源配置机制，提高证券市场的整体效率的关键是靠不断的制度创新，中国证券市场的制度创新几乎涉及市场运行的所有环节，贯穿其中的灵魂则是市场化精神。

日本大阪市立大学商学系教授翟林瑜曾经很中肯地说过："目前中国证券市场的重点不是金融商品创新，而是对支撑和规范证券市场的法律所应进行的建设和完善这一制度创新（或制度改革）。在这一方面，大恐慌以后的美国和日本所走过的路径是值得借鉴的。美国在陆续加强了旨在保护投资者利益的法律的完善以后才从20世纪70年代中期陆续开始金融创新和导入新的金融商品；而一味地以赶超美国为政策目标的日本，在尚未完全将有关证券和资本市场的法规理念（即目标）转移到保护投资者的利益之前，就匆匆加速了所谓的证券化的步伐，其代价是长达5年之久的泡沫经济的形成，以及崩溃后长达12年至今的经济萧条。即便与目前的中国相比，20年前的日本的法律也是比较健全的，有关证券和公司的法规也是比较完善的。即使如此，步美国后尘而在日本导入的金融商品，除了外汇期货和利率互换商品之类的金融衍生工具外，诸如股票期权和国库券期权之类的金融衍生工具可以说对证券市场资源配置和风险分配无任何积极效果。"

的确，中国证券市场的监管已然面临新的挑战，那就是必须提高到另一领域——创新。

1. 股改：史无前例的攻坚战

话说2003年，尚福林上任之初，沪深两市低位巨幅震荡，并没有给他好脸色。1年多时间里，他"不说话"，只是走访、思考。直到2003年1月24日召开的全国证券期货监管工作会议，他在长达70分钟的讲话中提出"五个坚持"（监管工作必须坚持服务于证券期货市场发展的需要和服从于国民经济的全局；坚持把保护投资者的合法权益作为工作的重中之重；坚持证券期货市场规范与发展的统一；坚持改革力度、发展速度与市场承受程度的统一；坚持监管职能和监管方式要适应市场发展的要求）。

1年之后，国务院有了反应，正式发布了《关于推进资本市场改革开放和稳定发展的若干意见》，业界俗称“国九条”，“国九条”确立了尊重市场规律解决股权分置问题的基本原则。到这个时候，尚福林的思路日渐清晰，多年来想搞却没有搞成的股权分置改革更是有了坚实的基础。

2005 年“五一”长假后，股权分置改革大幕拉开。尚福林在新闻发布会上坚定地表示：股权分置改革“开弓没有回头箭”！作为打响股权分置改革第一枪的三一重工，经济日报报业集团证券日报社副总编辑马方业先生在其最新著作《大梦三一》（编者注：已由企业管理出版社于 2010 年 5 月出版）中作出这样的评价，“作为‘股改第一股’并处于湘湖文化背景下的三一重工，在稳定股改大局，实施对价方案过程中，承继了古人‘楚弓楚得’的大智慧。”

接下来，证监会联手国资委、财政部等有关部委强力闯关。半年后，股权分置改革从简单的除权效应到逐渐为投资者认可。至 2006 年 12 月 29 日，沪深两市共有 1 269 家公司完成股改或进入股改程序，市值占比达 97%，股权分置改革基本完成。

2006 年 8 月 19 日，北京人民大会堂，一场关于全流通下中国证券市场的创新与发展的讨论在激烈进行。这是由证券日报社、国务院发展研究中心金融研究所、北京大学经济学院、安徽省铜陵市人民政府联合举办的“第二届中国证券市场年会”发出的声音。中国证监会主席周道炯、中国证监会研究中心主任祁斌、国家发改委财政金融司司长徐林、保监会资金运用部主任孙建勇、证监会期货部副主任黄运成、上海证券交易所副总经理吴雅伦、深圳证券交易所总经理助理马东浩等均与会发言。可以说，随着中国证券建立 10 多年股权分置问题的基本解决，监管部门对一系列市场基本制度的改革创新已经充分重视。

《中国资本市场发展报告》（中国证券监督管理委员会编著）中，对股改做出这样的评价：解决股权分置问题，本质上是实现机制上的转换，即通过非流通股股东之间的利益平衡协商机制，消除 A 股市场股份转让的制度差异。在整个改革过程中，相关部门将市场化手段和行政指导有效结合，实行了统一组织和分散决策，为资本市场优化资源配置奠定了基础，使资本市场从市场基础制度层面与国际市场不再有本质差别。

后股权分置时代的资本市场进入更加市场化的发展趋势，市场的发展创新，对法律法规及各项制度建设提出更高的要求，规范化的特点更加明显。一方面随着改革的不断深入，资本市场加速向市场化方向转变，市场的发展由相关政策法规、公平政策完备性和可操作性提出更高的要求；另一方面，在市场化发展模式下，市场创新氛围将更加活跃，创新活动更加频繁，金融产品和业务将更加丰富，这对法律法规的前瞻性以及相应的创新和变革提出了更高的要求。

2. 根除两大“顽症”

所谓两大“顽症”，分别存在于发行制度及退市制度之中，而且相互关联、交叉感染。

自2009年6月新股发行制度改革以来，中国证监会已快速行动起来，并开始着手解决中国股市存在的系列制度缺陷问题。尤其在2010年，中国股市将迈入真正的“全流通”时代，在这一环境中展开市场化改革，更需要强大而有力的创新能力。

首先，让“打新”与“炒旧”具有对等风险。

2009年6月至7月底，新股发行以来，万马电缆、桂林三金、家润多等个股频遭爆炒，散户投资者深受其害，其中参与首日买入的家润多持股市值10万以下的个人投资者亏损达99.86%。当年8月10日，深交所连发两份文件，措辞严厉，申明将对重大异常交易行为严密监控，严厉打击涉嫌违规行为。深交所提醒个人投资者买入新股需万分谨慎，不要首日盲目追高买入新股，成为“击鼓传花游戏”的失败者。“新股不败”只是一种“神话”，甚至是“大话”。与此同时，上海主板经过半年多的新股发行制度的市场化改革，已经基本打破了“新股不败”的神话，已经使打新、炒新收益大打折扣。

数据显示，在2010年4月、5月内，有9只新股上市一个月内累计跌幅超过10%，比如今年5月20日上市的奥克股份、劲胜股份，两公司上市便跌，在一个月内累计跌幅分别为20.12%、16.53%；2010年4月份上市的北京利尔、宁波GQY、南都电源，上市一个月内跌幅均超过15%。显然，“破发”已经成为一种随机现象，一、二级市场的投资者已逐步具有对等的投资风险与收益，一、二级市场逐渐成为一个均衡的有机统一体。

其次，让超级垃圾股退市，还原股价信号的真实性。

人有生老病死，自然界有循环，这本身就是世界万物的规律。上市公司同样如此，有公司新生，自然有公司退市。但在中国的证券市场，却是超级仙股总也退不了市。一旦公司亏损，先实施ST警示制度，接着再*ST，之后还亏损才是暂停交易去重组。实际操作起来，真正退市的上市公司屈指可数，很多时候是一年也没有一家上市公司真正退市。日积月累，这些亏损上市公司股票价格虚高，导致整个证券市场的平均市盈率更高，提升了证券市场的整体风险。

截至2009年底，沪深两市1 836家公司中有1 640家盈利，196家亏损，亏损面10.68%。其中有68家已经持续两年亏损，*ST三联、*ST鲁北、*ST白猫、*ST中农、*ST张铜、*ST宏盛等6家公司已经持续了3年的亏损。

不妨来看一组有关国外的上市公司退市的数据：美国纳斯达克每年有大约8%的公司退市，而美国纽约证券交易所的退市率为6%；英国AIM的退市率更高，大约为12%，每年超过200家公司从该市场退市。可见，有一定数量的上市公司直接退市才是证券市场的正常状态，而内地股市出现超级“仙股”死不退市的情况实在是很反常的。

深圳证监局局长张云东、深圳证券交易所理事长陈东征看在眼里记在心里，并为证券市场“扬善除恶”做了大量工作。

陈东征先是在2010年3月呼吁：“创业板市场各项机制仍需在发展中完善，目前最根本、最需要完善的是直接退市制度。”深交所关于进一步完善创业板市场直接退市制度的方案已经上报中国证监会。此后，深圳证监局局长张云东在论坛上指出，“当前我们国家还是缺乏严格的退市制度，现行退市制度有很大问题，比如退市门槛太高、退市标准易于规避、退市时间长、渠道单一使得制度很难发挥作用，结果导致大量已经没有持续盈利能力的公司赖在我们的市场不走，实际上还在误导和祸害我们的老百姓。”张云东对于由创业板率先健全资本市场的退市制度这一点期望较高。

所谓顽症，就是难治或久治不愈的病症。而“难治或久治不愈”无非就是药量轻或治疗方法不对。对于证券市场的“顽症”，监管层既不能急于求成，也不能置若罔闻，研究病症所在施以重药才是最理性的选择。庆幸的是，监管层以及市场的所有参与者都认识到了“顽症”的危害性，再没有任何理由让此类漏洞或缺陷存在下去。

3. 构建现货与期货“做空”机制

长期以来，由于中国资本市场一直缺乏真正的公司债券这一重大系列品种，更没有所谓的金融衍生品市场，因此，投资者只能在存款与炒股之间选择，投资渠道极其单一。每逢牛市来临，大量社会资金涌入股市，凡买必涨、凡买必赚、一步到位的涨与涨过头，这就是中国牛市的可怕与疯狂；反过来，一旦熊市来临，机构与散户一盘散沙、纷纷夺路而逃，凡买必跌、凡买必套、一步到位的跌与跌过头，则成为中国熊市的尴尬。

“7 牛 7 熊”已经让投资者饱尝坐过山车的痛苦。暴涨暴跌不仅严重挫伤了中小投资者的信心与积极性，而且更加怂恿并加重了大机构与大资金的投机与赌博心态，这不利于中国股市的平稳发展与做大做强。

革除中国股市暴涨暴跌的劣迹，治理路径只有两条：打造多层次资本市场，为投资者提供多样化选择，分流资金、分散投资风险，进而从源头化解股市暴涨暴跌之矛盾。为此，监管层大力推进公司债券的市场化发行，进而改善企业融资结构，为基金等机构投资者及个体投资者提供多样化的投资选择。同时，加大金融衍生品的创新与试点力度，为投资者提供风险对冲与投机工具。此外，中小板、创业板、国际板、OTC则是多层次股票市场的重要组成部分。

构建现货、期货“做空”机制，为投资者提供既可“做多”赚钱、又可“做空”受益的自由选择。一方面通过融资融券交易“对冲”大盘权重股的个股风险，另一方面通过股指期货交易“对冲”大盘的系统性风险。融资融券与股指期货功能的组合与搭配，可以有效地遏制现货股指过度、过快的单边上涨与单边下跌，这有利于形成“一波三折地上涨”与“一涨三折地下跌”的牛熊交替格局。

2010年4月16日，股指期货合约正式上市交易，挂牌基准价定为3399点。2010年3月31日，融资融券上市，当日起接受券商的融资融券交易申报。融资融券交易允许交易者使用较高的杠杆比例，并通过市场的上涨和下跌获利。中国内地股市在其20岁之际迈入了“做空时代”，2010年下半年，新三板即将扩容，国际板的各项规则或将亮相，资本市场创新势头方兴未艾。

毋庸讳言，市场化是我国新一轮制度创新的主题。包括股指期货、融资融券在内的各项改革和创新要有顺序地协调进行，不能让前面的改革成为后面改革的障碍。正如LaPorta等人指出的“改革的策略不是创造一系列理想的规则，然后观察它们能怎样很好地实施，而是要制定一些只能在既定结构内实施的规则。”

◇◇基金13年主打“产品创新”牌◇◇

虽然基金的话语权正逐渐减弱，但截至目前，基金仍然是股市中最主要的力量。为了适应股市创新大势的发展，13 年来，基金业的创新也领先其他机构，并在当下已驶入快车道。一方面，新的基金发行审核管理办法对于创新基金给予扶持；另一方面，受股指期货和融资融券等创新业务将推出的契机力图拓展新市场。

1. 13 年的成长与创新

与国际基金业发展情况类似，基金产品创新同样主导着我国基金业的发展历程。但相比较国际基金业而言，我国基金产品创新的速度更快，在不到 13 年的时间内就完成了从封闭式基金到开放式基金再到 ETF、从股票基金到债券基金再到保本基金和货币基金的发展过程。依靠着基金产品迅速创新的大力推动，我国基金业在不到 13 年的时间内实现了资产规模的超常规增长，并迅速成为资本市场上最重要的机构投资者。

基金的发展可从基金产品形态创新方面去考察。

1998 年，封闭式基金试点，1998—2002 年期间，我国封闭式基金资产规模由 107. 42 亿元增长至 717. 08 亿元，年均增长率为 60. 74%。至 2010 年 6 月底，封闭式基金资产规模为 841. 13 亿元。

随着封闭式基金折价问题逐渐显现，2001 年 9 月，我国第一只开放式基金——华安创新诞生，使我国基金业发展实现了从封闭式基金到开放式基金的历史性跨越。开放式基金的推出，为我国基金业的产品创新开辟了新的天地，我国的基金品种日益丰富。2002 年 8 月推出第一只以债券投资为主的债券基金——南方宝元债券基金；2003 年 3 月推出我国第一只系列基金——招商安泰系列基金；2003 年 5 月推出我国第一只具有保本特色的基金——南方避险增值基金；2003 年 12 月推出我国第一只货币市场基金——华安现金富利基金……

2004 年 6 月 1 日，开始实施《证券投资基金法》，标志着我国基金业的发展进入到一个新的发展阶段，从而带动了基金业的新变化，创新活动日趋活跃。

2004 年 10 月成立了国内第一只上市开放式基金（LOF）——南方积极配置基金；2004 年底推出了我国首只交易型开放式指数基金（ETF）——华夏上证 50ETF，标志着 ETF 在我国的诞生，这表明我国在基金产品创新道路上与国际基金行业领先者之间的差距大幅缩小。ETF 的出现不仅进一步推动了我国指数化投资理念的普及，而且为未来基于 ETF 的一系列金融产品创新奠定了基础。

2006 年 5 月推出国内首只生命周期基金——汇丰普信 2016 基金；2007 年 7 月推出了国内首只结构化基金——国投瑞银瑞福基金；2007 年 9 月推出了国内 QDII 基金——南方全球精选 QDII 基金；2008 年 4 月推出了国内首只社会责任基金——兴业社会责任基金；2009 年 5 月推出国内首只 ETF 联接基金——华安上证 180ETF 联接基金等。

与此同时，开放式基金资产规模迅速增长，并很快超越了封闭式基金。2001 年至 2006 年期间，我国开放式基金资产规模由 118.01 亿元增长至 6945.19 亿元，年均增长率高达 125.92%，资产规模占比达 81.05%。至 2010 年 6 月底，616 只基金（成立满 6 个月）开放式基金资产净值合计 19 925.68 亿元，而在 2009 年底这一数值更是高达 28 272.94亿元。

2. 借鉴海外：产品创新“进行时”

我国的基金产品类型创新以国际借鉴为主，并偏重于基金产品链的完善以及基金品种的不断丰富，以满足不同风险、收益、流动性偏好和不同类型的投资者需求，并在积极参与不同市场投资的同时推动相关市场的创新和发展，从而为基金创新营造更好的市场氛围。

从我国基金业近 13 年的发展情况来看，基金产品的创新也不断往前推进，各类创新思路层出不穷，各种新的基金产品进入投资视野，很多投资者大有眼花缭乱不知如何选择的感慨，创新基金也成为行业关注的热点之一。

2008 年 12 月底，证监会基金部向各基金公司发布《证券投资基金产品创新的鼓励措施》，明确鼓励基金公司进行产品创新，并将通过开辟绿色审核通道、申报创新产品的同时可以再申报一个普通品种等方式，从制度层面上来鼓励基金产品创新。凭借这一绿色通道，基金业迎来了2009创新年。一批带有独特风险收益特征的基金产品在2009年破茧而出，满足了基金投资人日益多样化的投资需求。

2009年5月，基金发行市场出现创新型基金身影。当年5月26日，牛年第一只创新型基金长盛同庆可分离交易基金诞生，作为国内首只可分离交易基金，其可分离交易的创新设计、份额分级和收益杠杆化的鲜明特征，会带来许多不同常规的投资操作方法，也蕴藏了更多获利的机会。这种让大家耳目一新的创新，令该基金一天发行了150亿元。同年6月初，证监会向各大基金公司、托管银行下发了《交易型开放式指数证券投资基金（ETF）联接基金审核指引》，从而为ETF联接基金在中国境内的“破茧”扫除了法律障碍。2009年11月27日，成功完成发行的易方达深证100ETF联接基金，募集金额已经达190亿元。随着ETF链接基金的推出，对于固定在银行操作的基民来说，再也不需要对ETF基金望洋兴叹。无论是长期看好市场，还是喜欢短期波段操作的基民，都可通过买入ETF链接基金的方式进行指数化的投资。国投瑞银和沪深300指数分级基金是国投瑞银基金管理公司最新推出的基于指数基金所衍生出来的一种创新型的投资品种，该基金的3只分级产品分阶段具有不同的风险收益特征。该分级基金引入的差额收益分配（杠杆）、套利交易等多种增强收益的机制，为投资者提供了可供采取的丰富的投资策略。此外，2009年12月30日，嘉实基金率先研发的A股基本面指数基金——嘉实50基本面问世。尽管基本面指数基金产品在国外证券市场已经具备广泛的影响力，但对于中国投资者来说，它还是一个全新的事物。

2009年12月28日，笔者在证券日报基金周刊一版位置刊发《2010年基金创新开始全方位破局》一文，创新“先锋”基金经理向笔者描绘了2010年的创新蓝图，转摘如下：

早在2008年底，证监会基金部发出通知，鼓励基金公司进行产品创新，并将通过开辟绿色审核通道、申报创新产品的同时可以再申报一个普通品种等方式，从制度层面上来鼓励基金产品创新。这一绿色通道，让创新基金如虎添翼。

日前，证监会基金部下发通知，将自2010年1月1日起对新基金发行实行分类审核制度，这将引起基金发行井喷的现象，同时也将促进基金行业的重新洗牌。产品数量上最大限度的放开，将打开基金产品创新空间。

鉴于基金创新主要表现在“产品结构创新”“ETF及其联接基金推出”两大方面，本报记者为此专访了产品结构创新的领头羊长盛基金，以及专攻ETF及其联接基金的交银施罗德基金的产品部经理。

交银施罗德基金产品部经理对记者这样说道：“为了鼓励基金管理公司进行产品创新，证监会新基金审批开辟了绿色通道，对创新产品和普通产品分类审核，这一举措降低了公司开发创新产品的成本，增加了公司在创新产品研发方面的动力，也为公司通过产品创新走差异化的道路创造了良好的政策环境。创新绿色通道政策实施后，产品创新成为公司在基金产品发展战略中重要的组成部分，公司根据自身各方面的综合实力和实际情况，积极探索产品创新的各种新思路，目标是建立产品差异化的竞争优势，通过创新为投资者提供更多样化的产品。”

长盛基金一基金经理也欣然表示：“长盛同庆可分离交易基金早在几年前就已经在做，但考虑到申报新基金数量有限，会造成其他新基金产品的堵塞，所以一直未能如愿。而证监会审批新基金开辟了创新绿色通道后，我们的顾虑大大减少，这只创新基金（长盛同庆）不但成功发行，还使我们的创新更大胆，手脚更轻松。机会成本及时间成本的降低，也令我们的创新步伐迈得更快、步子更大了。”

……

当记者问及基金公司2010年在创新方面会有什么新特点、新规划时，交银施罗德基金产品部经理信心十足地将创新规划和盘托出："根据成熟市场的经验，投资品种的丰富、政策的放松和技术的进步是促进产品创新的主要推动力。2010年，公司在产品创新方面依然会关注上述因素的变化带来的产品创新契机。例如股指期货、融资融券的推出对于绝对收益产品和量化产品的创新具有很大帮助。而未来基金投资范围的放宽，例如房地产投资（REITs）、基金投资（FOF）和实业投资（PE）等都会进一步拓宽基金产品线广度，使得基金管理公司向国际标准的资产管理公司进一步靠拢。"

长盛基金一基金经理同时也向记者表示，在新的一年，公司不会停留在产品结构创新的层面，将向ETF及其联接基金发起总攻。

……

随着融资融券、股指期货的推出，步入2010年的基金，在创新方面可以称得上是如火如荼。

2010年1月1日起，证监会对新基金发行实行分类审核制度，这又引起了基金发行井喷的现象，同时也促进了基金行业的重新洗牌。产品数量上最大限度地放开，打开了基金产品的创新空间。

各家基金公司也是不失时机地针对市场特性推出创新产品。比如2010年4月29日设立的国泰纳斯达克100指数基金，是首款跟踪海外指数的QDII；比如2010年5月5日，汇添富民营活力基金首开先河，打出了"民企"牌，成为首只投资于民企的基金；再如2010年5月12日设立的富国通胀通缩主题轮动基金，国内首次提出"通胀通缩"的投资概念……

总之，创新是2010年以来基金行业的重要主题，我国的基金业创新步伐正在加快，同时向纵深拓展。各家基金公司推出的创新产品引起了业内广泛关注，产品创新可以推动基金市场细分，而市场细分的深化能推动需求的持续增长。同时，随着产品创新的不断推进，行业产品的外延将大大拓展，基金公司乃至整个行业的竞争力将随之提升。

3. “去同质化”

随着越来越多的杠杆式分级基金相继出炉，同质化成为相关产品很难回避的问题。

国泰估值优势的两级份额从名称上看与瑞福分级的两级名称相同，从收益分配几个参数设定上看，又类似于长盛同庆。例如国泰估值优先的年基准收益率约定为5.7%，高于长盛同庆A的5.6%；如果估值优势超过1.6元，在获得基准的年收益率外，还可以获得超额部分的15%，有类似规定的长盛同庆只能获得10%。2010年4月16日设立的国联安双禧中证100指数分级基金有类似瑞和300指数分级基金的地方，两者都设定配对转换机制。只不过瑞和300是按照1∶1的比例将两级份额分拆和合并，双禧则是按照4∶6的比例分拆和合并。

同质化还有另一种表现，那就是跟踪标的指数的雷同。据WIND资讯统计数据，2009年一共发行了20只指数型基金，其中跟踪沪深300的指数基金就多达15只。基金公司重首发而不重持续影响，也导致投资者分不清这只基金究竟与那只基金有什么区别。即使在运作上，投资者也很难看出一家基金公司同一类型的基金在风险收益特征上有什么区别。

同质化造成了基金投资策略趋同，仓位相似，重仓股集中，这也成为了基金行业的一大困境。

避免基金产品同质化，对于基金公司来说一方面应多一些实质性的创新，另一个方面应该少发产品，做好原有产品。但这两点，基金公司似乎做的都不到位。

融资融券和股指期货的推出，的确给投资者提供了更多的工具和手段，但基金公司对此反应迟钝。在融资融券上，此前被提到较多的130/30基金只不过源自交易所的一项课题研究，具体的设计并未有基金公司完成；股指期货虽然被私募人士称为“带来真正对冲基金”的工具，但公募基金在这方面的设计仍然是雷声大，雨点小。

基金业的品牌竞争目前还处于单一的产品战略阶段或渠道战略阶段，今后必将朝着差异化战略方向发展。从这个意义上说，促成基金公司的个性化发展迫在眉睫，在不远的将来，基金业的差异化竞争将不可逆。

新金融工具的逐渐推出为基金创新提供了良好的基础。股指期货、融资融券、期权、利率互换等新金融工具的陆续推出，将会显著改善目前整个金融市场的定价效率。对于基金业而言，可以在这些新金融工具的基础上构造出一系列不同风险收益特征的产品，满足更多投资者的需求。而且，对现有的部分产品（例如 ETF、指数基金、保本基金等）的投资策略完善等产品改进工作都会带来有益的影响。

可喜的是，2010 年 7 月，博时基金在国际化进程中迈出了重要一步，开发标准普尔 500 指数跨境 ETF。在国内推出跟踪标准普尔 500 指数的 ETF 产品，将为中国投资者架起直通美国股市的高效渠道。早在 2010 年的 3 月，国内基金业首只海外指数基金——国泰纳斯达克 100 指数基金公开发行，相对于投资亚太股市而言，该基金更能分散风险，是希望通过海外市场分散投资风险的可选标的。这无不说明，中国基金业在产品创新方面，正逐渐远离“同质化”。

第四篇

上市公司：20年5大奇迹

在过去20年，上市公司创造着市场的辉煌，也令自己辉煌，更让投资者感到赏心悦目。

从利润总额、营业收入来看，中国上市公司一步一个台阶，20年里逐渐完成精彩的“三级跳”，盈利额实现了数以千倍的增长。这是上市公司第一大奇迹。正是这些积极变化着的力量，推动上市公司走得稳，走得远，其对GDP的贡献率也节节攀升。当然，上市公司经营情况与GDP等宏观经济指标间的确存在背离的情况，这种反差也不得不引起人们的深入思考。

在价值投资理念成为主流的背景下，高成长已经成为资本市场永恒的追求。中小板和创业板纷至沓来，让上市公司高成长激情再被点燃。股市里的10棵“长赢树”吸引了投资者更多的眼光，也是中国证券市场存留的10大宝贝，他们才是中国企业的榜样。此可谓上市公司第二大奇迹。

本篇没有停留在10家公司这个小群落里，而是按图索骥，深入探寻业绩增长的力量，解码高成长的基因，让读者在投资A股时可循，可依。

除了业绩的高增长，上市公司核心竞争力还体现在现金流的充裕程度上。20年里，中国上市公司终于从“就差钱”过渡到“不差钱”。这些高现金流的上市公司，组成中国证券市场的“富人区”，他们才是最值得信任的投资标的。

但不可否认，即使处于“富人区”，还是有这么一类公司吝啬寒酸，人称“铁公鸡”，让投资人伤心失望。“铁公鸡”PK“奶牛王”，让“铁公鸡”历历可数，也让高分红“奶牛王”站在我们面前。“分红不仅仅是一种责任，更是一种义务。”秉承这种义务，证券市场里的那群“铁公鸡”还能存在多久?

“一味高分红不见得都是好事!”这句话或许有些难以理解，但不少事实都证明了这句话的准确性。该不该分红，该如何分红，投资者应该考虑企业的发展状况。警惕刚上市不久的小盘公司，以大手笔分红吸引或取悦于投资者，殊不知背后已藏隐患。

并购重组一直是A股市场题材炒作的“东方不败”，也是中国上市公司的20年创造的奇迹之一。笔者新编了5句“三字经”，“看信息，要全面；听故事，耳要聪；观预期，重规模；炒重组，要手快；带星股，不能碰”，或许能对投资者有所裨益。

◇◇◇上市公司 GDP 贡献率超 4 成◇◇◇

理论上讲，股市应当是一国宏观经济发展的晴雨表和指示器，两者之间应当具备极高的相关性和联动性。然而在 2000—2005 年的 6 年间，中国股市与中国 GDP 之间却出现了不同程度地背离，股市的低迷与宏观经济健康、稳定地增长形成鲜明对照，这曾一度令国人对股市的晴雨表及指示器作用产生了些许困惑。本节内容，笔者将带领大家回顾 20 年来中国 GDP 和上市公司业绩的变动趋势，从中可以此为基础分析两者之间的关系。

1. 20 年完成“三级跳”

据权威数据统计，1990 年上市公司利润总额 0.07 亿元，3 年之后的 1993 年，上市公司利润总额超过百亿元，达到 153.21 亿元。这是上市公司盈利能力的“第一级跳”，3 年时间利润总额增长了 2 187.71倍。

利润总额爬上百亿大坡后，上市公司并没有停顿，一步一个台阶，一口气走了 8 年，到 2001 年，上市公司利润总额突破千亿元大关，达到 1 086.2 亿元。这是上市公司盈利能力的“第二级跳”，8 年时间利润总额增长了 6.09 倍。

2007 年，上市公司再度迎来业绩的大跨越，13 480.17 亿元的利润总额让中国证券市场扬眉吐气，这是中国上市公司利润总额首次突破万亿元大关，同时也完成了精彩的“第三级跳”。这一跳，中国的上市公司只用了 6 年，利润总额整整增长了 11.41 倍。2008 年，直面全球经济危机的突袭，中国上市公司成功完成了万亿保卫战（如图4-1所示）；2009 年，中国上市公司利润总额逐季攀升，以 14 552. 83 亿元的利润总额突破历史记录。

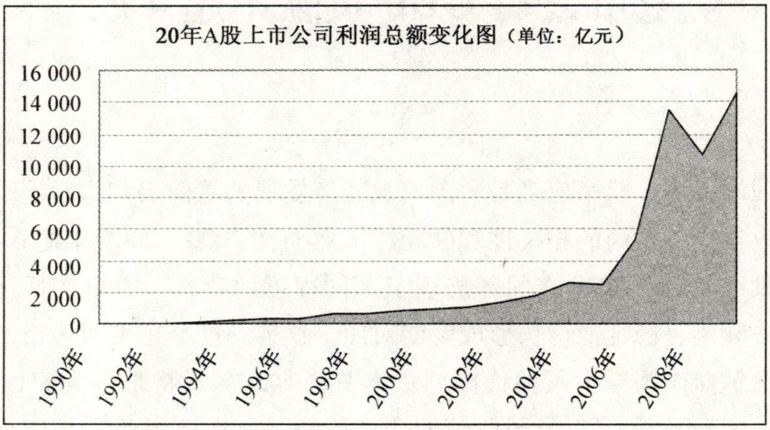

图 4-1　20 年上市公司利润总额变化图

数据来源：财汇资讯

上市公司营业收入同样也完成华丽的“三级跳”，只不过“第二级跳”的时间比利润总额要短一些。

再来看这样的一组数据：

1990—1994 年，上市公司营业收入完成“第一级跳”，由 1990 年的 1. 82 亿元增至 1991 年的 1 642. 08 亿元，不但突破千亿元大关，而且还超出很多。

1995—2000 年，上市公司营业收入完成“第二级跳”，经过 6 年的苦战，上市公司营业收入达到 10 576. 29 亿元，轻松走过万亿元大关。

2001—2008 年，上市公司营业收入完成“第三级跳”，经过 8 年时间，上市公司营业收入由 2001 年的 10 576. 29 亿元增至 2008 年的113 184. 11 亿元，成功突破 10 万亿元的大关（如图 4-2 所示）。2009 年，再接再厉，上市公司营业收入达到 121 653. 74 亿元。

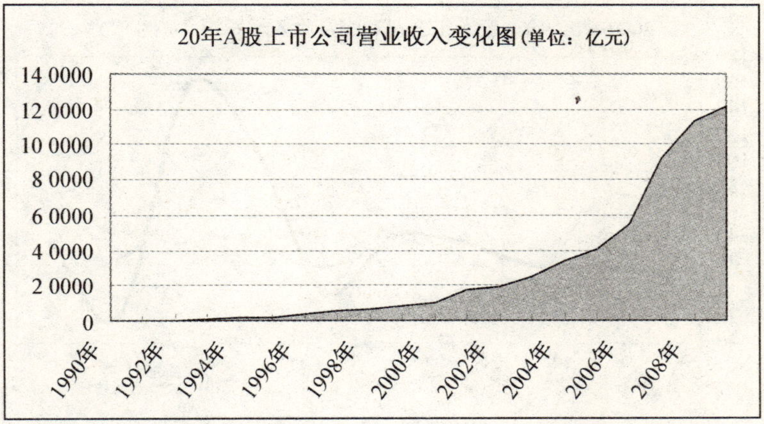

图 4-2　20 年上市公司营业收入变化图

数据来源：财汇资讯

不过，上市公司利润总额和营业收入绝对额还看不出上市公司的成长能力，我们可以计算出年度同比增长数据，以便让读者更清晰地看到中国上市公司的 20 年迈出的每一步。

1991 年、1992 年、1993 年，上市公司规模不断扩张，盈利能力也在提升，3 年营业收入同比增长率分别为 703.85%、794.74%、622.93%，这也是我国证券市场历史增速最快的 3 年。在随后的 16 年中，营业收入同比增长率超过 50% 的有 4 个年头，分别是 1994 年的 73.52%、1997 年的 55.79%、2001 年的 68.02%、2007 年的 65.71%。在这 4 个关键年头，上市公司营业收入步步高升令投资者和管理者心里乐开了花。

显然，上市公司营业收入年年增长，这也说明上市公司在经济的起起伏伏中，步履坚定，一直坚守着自己的主业。不过，受投入、产出、成本等诸多因素影响的利润总额，并未完全实现步步增长，有两个年头是负增长率，不过这和此前的高速增长相比，可算作是原地踏步。

2005 年，上市公司利润总额实现了真正意义上的“踏步”，5 年熊市着实令上市公司元气大伤。-1.98%，是 2005 年的利润增长率。2008 年，全球性的经济危机再度挫败中国的上市公司，-20.26% 的利润增长率，可谓是后退了一步（如图 4-3 所示）。

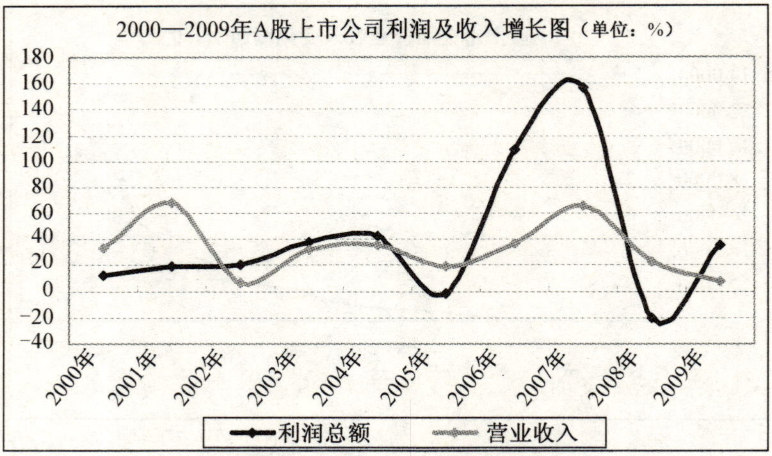

图 4-3　2000—2009 年上市公司利润及收入增长图

数据来源：财汇资讯

除了这两个年头的“消沉”外，上市公司总体还是保持了较高的盈利能力。1991 年、1992 年、1993 年，上市公司利润总额翻着番地增长，3 年利润总额同比增长率分别为 4 385.7%、607.96%、589.2%。2006 年、2007 年，也是不平凡的年头，上市公司利润再度迎来翻番的好彩头，108.57%、156.53%，是这两年的利润增长率，在数千亿元的基础上，翻倍的增长直接把上市公司利润总额推上万亿元大关。

2. GDP 贡献率：芝麻开花节节高

20 年来，中国企业面临的环境逐渐发生着变化，上市公司也采取着积极措施应对这些变化，总体上看，上市公司盈利额对国民生产总值的贡献率逐渐攀升。

近几年环境的变化包括：市场开放的程度越来越高；全球一体化的特征越来越明显；竞争越来越激烈；显而易见的市场机会越来越少；中国和全球的消费者越来越成熟；技术创新的速度越来越快；中国劳动力和其他商务成本越来越高；中国企业员工的知识水平和管理难度越来越高；中国企业在承担社会责任方面的压力越来越大。

中国上市公司也正在加速变化以适应外部环境：正在从小规模生产经营演变到大规模生产经营；正在从提供低端、单一产品和服务演变到提供高中低全系列的产品和服务；正在从模仿者演变成创造者；正在从只关注本土经营和竞争演变到关注全球经营和竞争；正在从以自我为中心逐步演变到以客户为中心；正在从一成不变的营运和组织模式演变为适应性强、灵活多变的组织模式；正在从只关注生产经营演变到兼顾生产经营和资本运作。

正是这些变化着的基因，上市公司才能走得远，走得稳，对 GDP 贡献率犹如芝麻开花节节高，如表 4-1 所示。

表 4-1　20 年上市公司利润与营业收入占 GDP 比例表

年份	国内生产总值（亿元）	上市公司利润总额（亿元）	利润总额占 GDP 比（%）	营业收入（亿元）	营业收入占 GDP 比（%）
1990	18667.82	0.07	0.001	1.82	0.01
1991	21781.5	3.14	0.014	14.63	0.067
1992	26923.48	22.23	0.083	130.9	0.486
1993	35333.92	153.21	0.434	946.32	2.678
1994	48197.86	258.86	0.537	1642.08	3.407
1995	60793.73	264.87	0.436	2199.29	3.618
1996	71176.59	351.22	0.493	3257	4.576
1997	78973.03	579.02	0.733	5074.16	6.425
1998	84402.28	609.26	0.722	6200.41	7.346
1999	89677.05	807.27	0.9	7950.23	8.865
2000	99214.55	909.44	0.917	10576.29	10.66
2001	109655.17	1086.2	0.991	17769.89	16.205
2002	120332.69	1312.11	1.09	18912.31	15.717
2003	135822.76	1807.34	1.331	24926.26	18.352
2004	159878.34	2570.47	1.608	33900.91	21.204
2005	183867.88	2519.45	1.37	40571.98	22.066
2006	211923	5254.89	2.48	55344.98	26.116
2007	249529.9	13480.17	5.402	91714.27	36.755
2008	300670	10749.02	3.575	113184.11	37.644
2009	335353	14552.83	4.34	121653.74	36.276

数据来源：财汇资讯

表4-1中的数据是20年以来上市公司GDP贡献率的全貌，在中国证券市场刚刚起锚时（即1990年），利润总额占当年GDP比例仅为0.001%，营业收入占GDP比例为0.01%。10年之后（即2000年），上市公司营业收入占GDP比例突破了10%，利润总额占比也接近1%。又过了7年（即2007年），上市公司营业收入和利润总额占GDP比例分别为36.755%、5.402%，达到了历史高点。值得注意的是，2008年全球经济危机并没有过多干扰这两组比例，其中营业收入占GDP的比例反而升高至37.644%；2009年，随着4万亿投资的刺激，业务收入占当年中国GDP的比例仍旧接近40%，利润总额占比则达到4.34%，同比升高0.765个百分点。上市公司营业收入占GDP比例变化如图4-4所示。

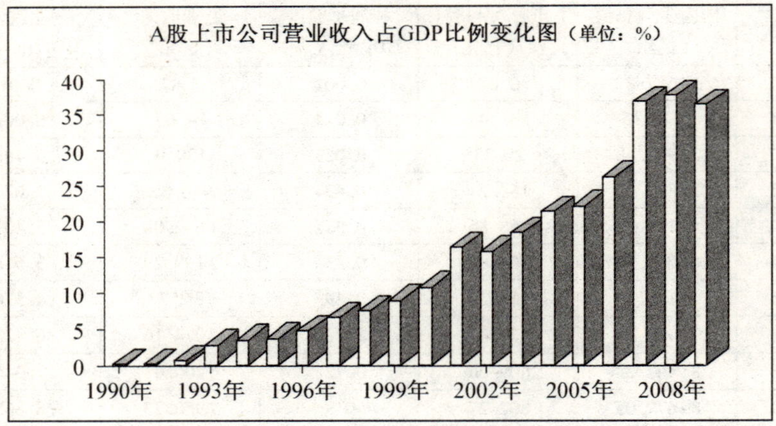

图4-4　上市公司营业收入占GDP比例变化图

数据来源：财汇资讯

可以说，在困难的时刻，宏观经济增长给上市公司增添了信心。此信心比黄金更重要。上市公司在成长的同时，也在增强着中国本身的国民经济。

3. 公司业绩与GDP走势存在反差

上市公司业绩20年的“三级跳”的确令人振奋，长期来看上市公司业绩与GDP之间存在明显的同向趋势，而且上市公司主营业务收入、利润总额以及净利润等主要财务指标占GDP的比例呈逐渐上升的态势。但是值得注意的是，在此期间上市公司经营情况与GDP等宏观经济指标间的确存在背离的情况，这种反差也不得不引起人们的深入思考。

还是通过数据来探究这一现象吧，见表4-2。

表4-2　20年GDP增速与上市公司每股业绩增速对比表

年份	国内生产总值（万亿元）	同比增长率（%）	上市公司每股收益（元）	同比增长率（%）
1990	1.87	3.84	0.09	—
1991	2.18	9.18	0.37	311.11
1992	2.69	14.24	0.28	-24.32
1993	3.53	13.96	0.34	21.43
1994	4.82	13.08	0.32	-5.88
1995	6.08	10.92	0.22	-31.25
1996	7.12	10.01	0.23	4.55
1997	7.90	9.3	0.24	4.35
1998	8.44	7.83	0.19	-20.83
1999	8.97	7.62	0.2	5.26
2000	9.92	8.43	0.18	-10
2001	10.97	8.3	0.15	-16.67
2002	12.03	9.08	0.14	-6.67
2003	13.58	10.03	0.18	28.57
2004	15.99	10.09	0.23	27.78
2005	18.39	10.43	0.2	-13.04
2006	21.19	11.6	0.23	15
2007	24.95	11.9	0.42	82.61
2008	30.07	9	0.34	-19.05
2009	33.54	8.7	0.41	20.59

数据来源：财汇资讯

我国国民经济在近十年世界经济增速放缓，甚至出现衰退迹象的不利环境中可谓一枝独秀，保持了令世人瞩目的较快增长速度，1999年、2000年、2001年3年的国内生产总值同比增长率分别达到了7.62%、

8.43%和8.3%。

然而在宏观经济保持快速增长态势的同时，我国上市公司整体业绩却出现了与宏观基本面不协调的背离走势。

统计资料显示：2001年1 173家上市公司加权平均每股收益为0.15元，加权平均净资产收益率为5.563%，分别较2000年下降16.67%和20.01%；对1 112家上市公司2000年财务数据统计显示，其2000年加权平均每股收益为0.18元，较1999年的统计数值（0.2元）下降1成，加权平均净资产收益率同1999年数值相比，则由8.31%下降到7.98%，降幅为3.98%。以上是对各年度统计数据的简单比较，如果按照更具可比性的方法度量，呈现出的上市公司业绩滑坡幅度更大。

另外，在2005年、2006年两年上市公司对GDP增长贡献也曾有所降低，而且自2003年到2006年工业企业总体利润增长率连续4年高于上市公司利率增长水平。由此看来，本应是优秀股份制公司代表的上市公司并没有体现出应有的竞争优势，这也就表明在此期间我国上市公司群体之外存在大量优质资产，我国上市公司对国民经济发展的代表性不强，我国股市的晴雨表作用尚未有效显现。

笔者还注意到西南证券研发中心的一份研究报告：若将相比较的不同年份上市公司总体数量固定在报告期年份，比如按2000年度1 138家上市公司作为总体范围，比较这1 138家上市公司2000年度与1999年度整体财务数据，得出的结论是这1 138家上市公司2000年度加权平均每股收益要低于其1999年的水平。

然而这一现象从2006年开始逐步转变，并于2007年一举扭转。开始于2005年的股权分置改革不仅根本解除了“同股不同权”的制度羁绊，而且也为上市公司实施各种有效的激励机制提供了便利，从而促使上市公司业绩的大幅提升。2007年上市公司主营业务收入、利润总额以及净利润总额均大幅增长，其与同期GDP之比明显提升，而且上市公司每股收益水平远高于GDP增幅，另外上市公司利润总额增长率也自2003年以来首次超过工业企业产品销售利润增长率。

上市公司整体业绩水平与宏观经济走势相背离的原因是多方面的，诸如会计政策调整、行业不景气、税收政策变动、证券投资收益下降、上市公司整体结构与整个国民经济结构之间存在差异等都会导致二者的变动出现差异，甚至其中某些是主要原因。抛开指标内涵及统计与会计核算原则上的差异，对于中国来说，国民收入分配格局的变动直接影响了两者的相关性。

对于一个成熟的宏观经济体而言，国民收入分配格局在一定时期内比较稳定。比如从美国20世纪90年代的数据来看，折旧与公司税前利润（不包括非公司制企业）之和占当期GDP的比重基本稳定在20%左右。在这种企业分配所得占GDP比重较为稳定的情况下，公司利润就会与GDP保持比较紧密的正相关，公司整体利润的变动幅度与GDP的变动幅度大致相同。

对于尚处于经济转型过程中的我国而言，暂时还无法形成比较稳定的国民收入分配格局，近20年来我国国民收入分配结构一直处于比较剧烈的调整变动之中，企业营业盈余在GDP中的比重变化很大。因而公司整体业绩与GDP之间的相关程度较弱、可比性较差。比如近几年我国税收（政府所得）增幅远远高于GDP增速，2000年完成税收总额比1999年增长22.8%，比该时期GDP增速高出14.8个百分点。这样势必使得包括营业盈余在内的其他要素收入的总体增幅低于GDP增幅，以致二者的变动出现反差，甚至其中有的项目如营业盈余的变化出现与GDP变化方向相反的情况。

另外，新会计准则的实施则成为推动上市公司盈利水平提升的催化剂。简而言之，内外制度的变革加强了上市公司与GDP的关联度，而众多优质资产进入证券市场则在提高上市公司对GDP贡献率的同时使证券市场真正成为国民经济的晴雨表。

◇◇◇◇◇成长，永恒的追求◇◇◇◇◇

对成长性的追求，是上市公司与投资者的共同目标。中国资本市场蓬勃发展，越来越多的上市公司具备高速成长的基础和环境。本节从不同角度对上市公司经营能力进行分析和研判，精选出具有持续和高成长的特性上市公司。在价值投资理念成为主流的背景下，高成长已经成为资本市场永恒的追求。

1. 中小板点燃高成长激情

A 股市场中，最具成长性的上市公司是谁？哪些上市公司点燃了 A 股的成长激情？答案是：中小板公司。

2004 年 6 月 25 日，中小企业板首批 8 家公司挂牌，从此，A 股市场的大舞台上，代表高成长性的中小板吸引着众人眼球。良好的成长性也是其在 2010 年的调整市得到资金热烈追捧的主要原因之一，已具先发优势、符合未来经济转型方向的中小板公司正在一步一个脚印地打造着中国证券市场的牛股。截至 2010 年 8 月 31 日，中小企业板上市公司总数达到 464 家，是 2004 年的 58 倍；中小企业板股票总市值已达27 621. 67亿元，成为支持中国金融体系构建、促进国民经济快速发展和资本市场多层次建设不可或缺的重要力量。

中小企业板公司历经 6 年对科技创新、产品结构优化坚持不懈的投入，不仅使公司的整体自主创新能力加强，而且产品升级和结构转型取得的业绩成果也开始逐渐显现。从 2004 年至 2009 年，中小板公司业绩连续 6 年保持了持续、快速的成长。尤其是最近两年，中小企业板上市公司在应对金融危机挑战过程中，整体表现明显好于资本市场平均水平。

9.77 倍、7.24 倍，这是中小板 2004 年下半年主营收入、净利润与上半年相比的增速。上市后的半年时间里，中小板以数倍的业绩增速惊艳 A 股。2005 年，中小板主营收入及净利润同比增幅分别为 64.97%、52.69%；2006 年，对应增幅分别为 170.31%、164.82%；2007 年，主营收入继续倍增，增幅 107.17%，净利润也迎来最大增幅的年度，增长 190.19%；2008 年，受到全球经济危机影响，中小板主营收入及净利润增幅减小至 54.42%、41.79%，在主板市场 A 股公司业绩大幅下滑 13.67% 的背景下，中小板的这种逆市增长值得敬佩；2009 年，中国 A 股公司率先摆脱危机的影响，业绩快速回升，其中主板市场 A 股公司业绩增幅 29.16%，同期中小板业绩增幅高达 50.96%，主营收入也达到 22.64% 的增幅，如图 4-5 及图 4-6 所示。

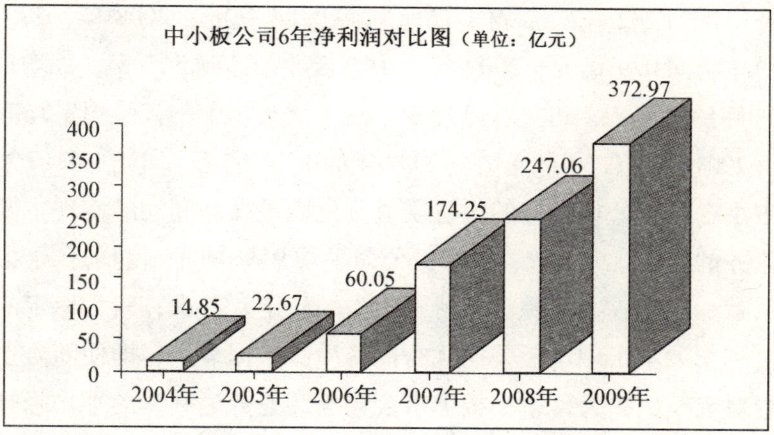

图 4-5　中小板公司 6 年净利润对比图

数据来源：财汇资讯

如果中小板整体业绩还不能准确反映这些公司成长性的话，不妨再作平均对比。2004 年，38 家公司合计净利润 14.85 亿元，平均每家中小板实现净利润 0.39 亿元；2005 年，50 家公司平均净利润达到 0.45

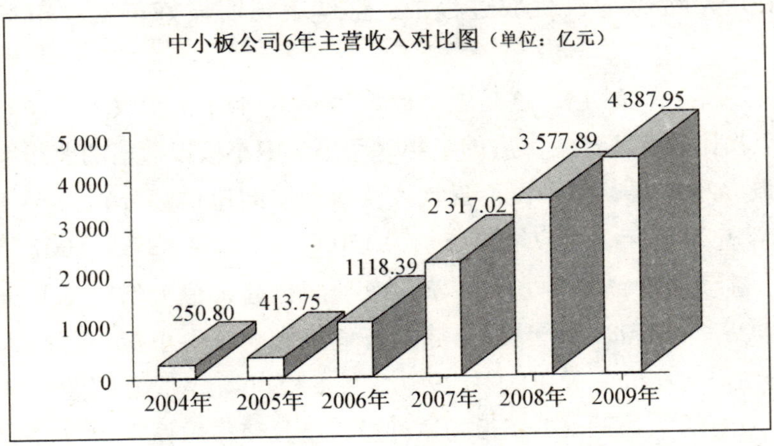

图 4-6　中小板公司 6 年主营收入对比图

数据来源：财汇资讯

亿元；2006 年，102 家公司的平均净利润达到 0.59 亿元；2007 年，中小板公司达到 202 家，平均实现净利润 0.86 亿元；2008 年，273 家公司平均净利润 0.9 亿元；2009 年，中小板数量达到 327 家，平均每家实现净利润 1.14 亿元。可见，经过 6 年高速成长，中小板公司平均净利润已经由 2004 年的 0.39 亿元增至 2009 年的 1.14 亿元，增幅 191.87%。

中小企业板公司良好的收益质量首先表现在净利润的实现主要基于主营业务的获得。6 年来，中小板公司平均 95% 的净利润来自于主营业务的贡献，这在收益来源上保持了相当的稳定。其次，较为稳定的主营业务毛利率展示了中小板公司优秀的资质，数据显示，即便随着上市后业务绝对规模的扩大，中小板上市公司主营业务毛利率的平均降幅也只有约 2%，这说明中小企业板公司高速成长的表象背后也同样拥有过硬的实力，如图 4-7 所示。

从行业成长的角度上而言，中小板的部分上市公司，很多是所属细分行业的龙头型企业。这类公司市场占有率普遍较高，具备一定的技术和管理优势、具备行业垄断能力，这是其能够保证较好的成长性的主要原因。

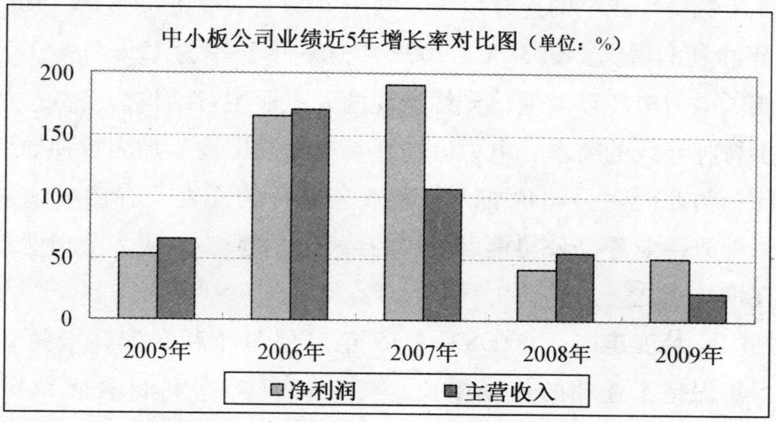

图 4-7　中小板公司业绩年增长率对比图

数据来源：财汇资讯

2. 股市 10 棵“长赢树”

2010 年 6 月初，美国《商业周刊》公布了 2010 年度全球“科技 100 强”企业名单，之前曾连续 3 年蝉联该榜冠军的亚马逊仅排名第四，中国的比亚迪摘得桂冠。成长性方面，2009 年比亚迪股份股东应占净利润为 37.94 亿元人民币，较上年同期净利 10.21 亿增长了 2.71 倍；2009 年比亚迪的总收入为 394.7 亿元，其中，汽车业务的营业额就实现了 142.79% 的增长幅度，为 209.91 亿元，占集团总营业额的 53.18%。2010 年一季度，公司继续保持良好的增长势头，期内实现净利润 17.04 亿元，同比增长 255%；一季度实现营收 126.56 亿元，同比增长 70%，每股收益同比增长 226% 至 0.75 元。有数据显示，比亚迪已连续 6 年保持了 100% 的增长势头。

可以说，比亚迪是中国最优秀企业的代表。很遗憾，它没有在 A 股上市。不过，按图索骥，我们也能从 1 800 多家上市公司中筛选出 10 强，这些公司营业收入及归属母公司股东净利润 10 年增长率均达数倍甚至几十倍。

No. 1　中天科技（600522）：10 年来公司净利润累计增长1 496.76%，

且近6年保持了业绩的连续增长，其中2004年净利润增长率1168.8%，2007年净利润增长113.38%，2009年这一增长率为129.41%。公司逐步形成了电力电缆以及通信光纤光缆两大主业主营结构。受益于智能电网对于特种导线的需求，电力电缆在规模提升中逐步加大特种导线的收入占比；与此同时公司也加大了新业务品种的开发，有望实现进口替代；另外海缆业务是公司重点投建的第三大主业，也成为公司业绩最大的潜在增长点之一。

No.2 特变电工（600089）：15年来公司净利润累计增长875%，且近5年保持了业绩的连续增长，其中2007年净利润增长134.25%，2009年这一增长率为58.8%。公司既是重大装备制造业龙头，也是电力设备龙头。始终专注于“输变电、新能源、新材料”3大领域，是国内少有的具有自主知识产权的变压器制造企业，特别是超高压和直流变压器的核心技术已经达到了国际水平。虽然未来公司面临原材料价格上涨的风险，但公司通过套保等手段可以有效降低风险，2010年半年报毛利率维持稳定也表明了公司在经营方面的掌控能力。

No.3 苏宁电器（002024）：8年来公司净利润累计增长668.23%，且完成8年的持续高增长，其中2002年净利润增长131.9%，2006年这一增长率为116.07%。公司作为我国最大的家用电器专营连锁经营企业之一，在行业内的地位突出，具备一定的竞争优势，其销售终端网络强大，并与国内外数百家名优产品生产厂家建立了稳定的业务关系。公司乐器连锁和国内传统连锁琴行知音、柏斯细分市场定位有所不同，准确的错位经营赢得了最大范围内的消费群体，可谓产品多元化，小荷才露尖尖角。

No.4 金风科技（002202）：一家高成长的中小板公司，5年来公司净利润累计增长584.51%，且完成5年的持续高增长，其中2005年、2006年净利润增长率分别为166.38%、184.61%，2009年这一增长率维持在92.58%的高水平。公司是国内最大风力发电机组整机制造商之一，虽然风电设备行业面临着整体增速放缓、产能过剩、价格下滑、原材料价格上涨等诸多问题，但通过国际化、纵向整合、市占率提升这3种途径，公司具有持续增长的能力。

No. 5　保利地产（600048）：6年来公司净利润累计增长578.76%，且完成6年的持续高增长，其中2004年、2005年净利润增长率分别为170.03%、111.71%，2007年的增长率为121.77%，2009年维持在92.58%的高增长水平。公司实际控制人中国保利集团是国资委直属大型国有独资企业，公司未来将获得保利集团的支持，使公司在优质土地储备的竞争中具有较强优势。

No. 6　华兰生物（002007）：一家高成长的中小板公司，8年来公司净利润累计增长536.56%，且完成8年的持续高增长，其中近5年净利润增幅持续扩大，2006—2009年净利润增长率分别为50.85%、52.18%、55.49%、224.93%。亚洲最大血液制品生产基地，血浆龙头之一，再加上公司搭上乙肝疫苗市场扩容的末班车，主营业务实现比翼双飞。考虑到公司2010—2012年的管理层的股权激励，未来两年业绩有望保持30%的增长。

No. 7　思源电气（0002028）：一家高成长的中小板公司，8年来公司净利润累计增长534.02%，且完成7年的持续高增长，其中2009年净利润增长率高达174.3%。公司是国内最早进入消弧线圈生产的厂家之一，技术达到国际先进水平，市场占有率达40%以上，产品一直保持在主营业务利润总额的50%左右，订单保持30%的增幅。

No. 8　民生银行（600016）：12年来公司净利润累计增长527.59%，且完成12年的持续高增长。2010年，民生金融租赁核心系统成功上线，这是国内金融租赁行业首个真正意义上的核心业务系统，为金融租赁业的平稳、快速发展增添了新的“核心”竞争力。

No. 9　天地科技（600582）：9年来公司净利润累计增长440.35%，且完成9年的持续高增长，其中2006年净利润增长率为106.87%。作为国内唯一的煤炭成套装备供应商和服务商，天地科技具有较强的定价能力，行业竞争格局趋于良性，未来具备较强的内生增长能力，且中煤科工资产注入预期明确，一旦实现集团整体注入，公司的净利润水平和业务垄断性将极大加强。

No. 10　小商品城（600415）：10年来公司净利润累计增长434.19%，且完成8年的持续高增长，其中2009年净利润增长率维持在50.44%的高水平。公司具有区域垄断优势，义乌拥有全国最大的小商品市场，商品辐射多达212个国家和地区，是中国商品走向世界和世界商品走向中国的桥梁。新发展模式已在酝酿，公司未来3年能够保持30%以上的复合增速，业绩增长明确。

3. 解码高成长两大基因

对于上市公司来说，业绩增长率是一种特殊的使命，直接涉及公司经营的好坏及管理的成败。公司高成长能够增加公司的价值，而低成长则会减少公司的价值，尤其是在中国当前宏观环境的条件下，很多公司认为这个条件是他们发展的大好机会，都加快投资，扩大规模，以便使公司得到更快的发展。

从股市里的10棵“长赢树”可以看到，能得以枝繁叶茂有两大基因：一是“土质”好；二是“根正苗红”。

所谓“土质”好，也就是成长环境，更为直接的可理解为旺盛的行业景气。

比如电力设备行业，电网设备升级以及特高压建设也给输配电高端领域的公司带来机会，行业龙头凭借其较强的研发能力在高端产品市场通过进口替代，抢占较多份额，竞争优势明显。电力设备龙头特变电工，近5年保持了业绩的连续增长便是典型案例。

另外，我国能源结构正在发生着改变，火电的比例逐渐下降，而其他新型清洁、可再生能源的比重正在不断提升，风电行业正当其时，成为近几年的高景气行业。5年来公司净利润累计增长584.51%的金风科技，是国内最大风力发电机组整机制造商之一，通过国际化、纵向整合、市占率提升这3种途径，公司具有持续增长的能力。

而由于我国经济增长的资金密集化趋势的愈发明朗化，所以，银行等现代经济的支柱产业也步入到强景气周期中，银行业的利润在近一年来出现了急促的增长势头，成为近年来的高成长股的典型代表。民生银行完成12年的持续高增长，成为不可争议的高成长银行股。

所谓“根正苗红”，也就是公司本质的优良，更为直接的可理解为具有产能扩张能力。

上市公司净利润的增长不仅仅在于行业景气所带来的净利润规模增长，而且也在于企业通过购并扩张等外延式增长所带来的业绩增长动能获得业绩高成长的目的。

产能扩张有两方面的路径：一是对外收购，包括前文提及的整体上市或收购集团公司优质资产，也包括企业经营层审时度势的收购行为，比如民生银行参与陕国投的增发等，只要被收购方的未来净资产收益率超越上市公司目前的净资产收益率，就可以增厚每股收益，显现成长性；二是自身的产能扩张，包括利用募集资金投资的新项目，从而描绘成产能扩张→净利润规模增长→增厚每股收益的这一高成长路线图。

中天科技给我们讲述了一个生动的产能扩张的故事。公司横跨通信、电力两个行业，在主流厂商都在增长的同时，中天科技的技改项目不仅扩大了光纤、光缆产品的生产规模，提高了市场占有率，还降低了生产成本。2009年3月，中天科技成功发行5000万股，4.3亿元募集资金用于光纤海缆、光缆和特种导线业务等产能扩张。目前，中天科技特种光缆国内第一，光纤光缆整体规模国内前3，增长速度超越行业平均水平。

另外，通过近几年的观察我们发现，上市公司产能扩张也有可能会遭遇以下两大瓶颈。

一是市场容量瓶颈的问题。比如说广济药业，由于市场容量有限，核黄素价格上涨后，只要潜在竞争对手恢复产能，核黄素价格就会急跌拐头向下，必然令公司产能受到影响。所以，持续的高成长股往往需要具备广阔的市场容量，或者要具备极强的技术进入门槛，迫使其他潜在竞争者不能轻易改变市场的供求情况。

二是技术瓶颈问题。有时候，企业主导产品盈利能力极佳，但由于生产线制造技术、运营效率等因素，企业产能一直未能有效释放，那么，企业的成长性也难以体现出来，较为典型的有 TDI 生产线，虽然沧州大化、蓝星清洗、锦化氯碱等均有 TDI 项目或将上马 TDI 项目，但由于生产线一直不是很稳定，所以，持续高成长尚停留在画饼阶段。

总之，行业景气、自身产能是上市公司保持高成长的两大重要因素。

◇◇◇◇现金流助增核心竞争力◇◇◇◇

俗话说，“口袋有钱心不慌”，对于上市公司来说，同样是这个道理。

上市公司是否拥有足够的现金流，不仅关系到其支付股利、偿还债务的能力，也关系到公司未来的生存和发展。企业经营性现金流大幅下滑，与流动负债增加、存货增速上升、投资支出过多等有着直接或间接关系。

通俗地说，如果一个公司虽然账面盈利充裕，而现金流量严重不足，则说明该公司赚的钱还在别人的口袋里，也许过一两年，别人欠公司的钱就成了呆账烂账；但如果公司经营性现金流量净额远远超过净利润，就意味着该公司获得现金流量的能力极强，公司未来的业绩增长有较大的保障。所以，经营性现金流量净额更反映公司主营业务为公司作出的实质贡献，是公司核心竞争力的具体反映。

投资者在分析上市公司年报时，可以将经营性现金流与期末公司的净利润对比，如果二者大体一致甚至现金流量高于净利润，表明其利润含金量较高，未来运营可能较为顺利。

1. 现金流占总资产比例10年增长2.78倍

1997年，深沪股市掀起了一轮以“市盈率”为标准的绩优股行情，但事实证明，这种炒作模式是失败的，因为对发展中的中国经济以及发展中的深沪股市的价值评判，不能以静态的观点去看待，更应该从发展的目光去观察。实际情况是，深沪股市一批具有强烈行业代表性的上市公司自从1997年以来一直处于经营调整周期，经历5年的调整后，2001年纷纷出现谷底回升特征。

如果从每股收益角度考察，多年来上市公司的市盈率水平一定居高不下，但是持续5年的调整使这批上市公司开始进入新一轮上升周期，在2001年年报数据中也清晰地透露出了这种信息，那就是虽然净利润仍在大幅下挫甚至出现更大幅度亏损，但是经营活动现金流量却在大幅增长，具有中长线投资价值的品种无疑就是谷底回升的品种。其中深康佳最为典型，2001年每股亏损1.16元，但是每股经营活动现金流已经从负值大幅上升至1.2元，这表明公司产业转型取得重大突破。

当然，这并不仅仅出现于2001年亏损的公司中，还有更多的微利公司以及绩优公司也出现现金流的稳步上升。上市公司口袋里的真金白银终于多了。

任何一家公司，当主营业务收入、净利润持续反复滑坡后，如果出现主营业务收入稳步增长，虽然净利润还没有同步增长，也意味着公司经营状况极有可能由量变向质变转移，特别是经营活动现金流也相应出现大幅增长的时候，这种趋势就完全可以确立。因此，经营活动现金流指标应该可以看作是评判上市公司经营状况的最重要指标之一，现金流的稳步回升意味着公司盈利质量的提高，有现金流做基础的盈利才是真实可信的，充足的现金流将直接支持上市公司展开新一轮资本运作和资本扩张。

可以从经营活动净现金占总资产的平均比例来看上市公司的“钱袋”到底有多鼓。

如图4-8所示，1998年，817家上市公司经营活动净现金占总资产的平均比例为2.42%；1999年，934家公司的这一平均比例达到4.15%，同比增长了1.73个百分点。

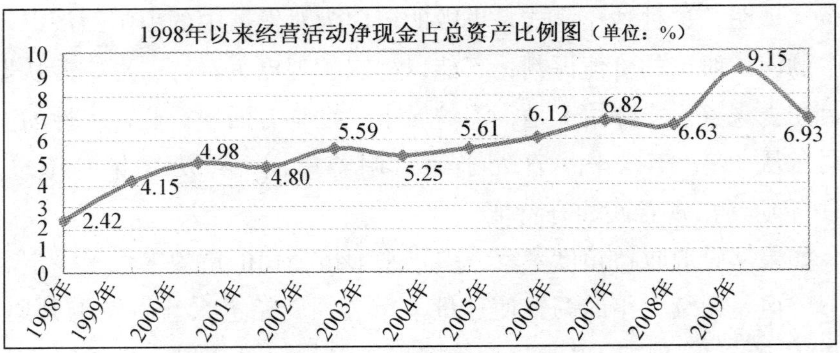

图4-8 1998年以来经营活动净现金占总资产比例图

数据来源：财汇资讯

2000年，上市公司经营活动净现水平显著提升，683家公司经营活动净现金占总资产的平均比例达到4.98%；2001年，1 132家上市公司在年报中披露了经营活动净现金，且占总资产的平均比例略有缩减，为4.8%；2002年，承接上一年的退一小步变为向前迈一大步，1 247家上市公司的经营活动净现金占总资产的平均比例达到5.59%；2003年，1414家上市公司这一平均比例再退一步，缩减为5.25%；2004年，与2002年相似，1 538家上市公司经营活动净现金再度向前大跨一步，占总资产的平均比例达到5.61%；2005年、2006年，上市公司在这方面不再后退，分别有1 594家、1 751家公司披露了经营活动净现金情况，两个年度经营活动净现金占总资产的平均比例分别高达6.12%、6.82%；2007年，上市公司再小退一步，1 889家经营活动净现金占总资产的平均比例为6.63%；而2008年，如同2002年、2004年，1 886家上市公司经营活动净现金占总资产的平均比例达到9.15%，创造了历史最高水平。2008年，在全球经济危机背景下，上市公司注重积蓄“过冬”力量，经营活动净现金在大幅度提升。

时至2009年，全球经济逐渐回暖，上市公司纷纷脱离亏损的边缘，随着用钱地方的增多，1 888家经营活动净现金占总资产的平均比例回落至6.93%。2010年，能否像2002年、2004年、2008年那样，在经历上一年度的缩减后会有一个大幅度的提升呢？读者可拭目以待。

当然，也可以用经营活动净现金除以净利润的比值来发现上市公司"钱袋"和利润的关系。

1998年，上市公司经营活动净现金除以净利润的平均比值为0.81，2006年为1.86，2007年至2009年分别为1.56、0.43和0.35。显然，这一比值在发生着重大的变化，上市公司在经营活动净现金与净利润之间的取舍上做着挣扎。

在2000年以前，以净利润为代表的业绩缺乏现金流的支持，不少公司是靠和关联方挂账来实现利润的，类似做法随着投资者的觉醒和会计制度的严格越来越难以维系，经营性现金流量指标日益受到投资者重视，正是在这一背景下的必然结果。关注盈利含金量，关注现金流量，投资者视线的转移和会计制度的变化对上市公司构成双重约束，2001年出现每股收益探底与每股经营性现金流大增的"奇观异境"或许是一种必然，而主要依靠控制经营性应收项目增长实现的现金流增长，确实压缩了账面浮盈的比例，夯实了业绩，称得上是可喜的、积极的变化。

2. 上市公司5大"富人区"

现金为王，真正推动市场的将是那些资产负债表稳固强劲的公司。也正是这些公司，才能驻扎在股市的"富人区"。2009年，经济的复苏回暖也让上市公司现金流状况明显得到改善，股市几大"富人区"更显其魅力。

从2009年上市公司年报中可以发现，目前上市公司业绩含"金"量的确明显提高。1 836家公司经营性现金流量达28 966.47亿元，可比数据同比增长11.75%；其中，非金融类公司经营性现金流12 850.97

亿元，可比数据同比增长48.34%，其中有高达1 562家上市公司经营活动产生的现金流为正数。

剔除金融服务类上市公司后，除经营性现金流大增外，现金及等价物净增加速度最快，由2008年的858.41亿元增至2009年的4 882.01亿元，增加了468.73%；融资性现金流由2008年的4 953.61亿元增至2009年5 373.96亿元，增加了8.49%；而投资性现金流依旧是负值，由2008年的-12 686亿元减至2009年的-13 361.36亿元。

如图4-9所示，数据显示，全部上市公司2009年平均每股经营活动产生的现金流量净额为0.622 80元，相比2008年的0.438 9元增长了41.9%。同达创业、东方电气、北方国际成为2009年手头最宽裕的3家非金融类上市公司，每股经营现金流量分别为9.422 2元、6.53元、6.03元；同达创业、北方国际2008年这一财务数据分别为-0.549 3元、-0.23元，从钱包“瘪瘪”到钱包“鼓鼓”也不过在一年之间。现金流净额增幅前5名的公司分别是安信信托、万科、北京银行、华帝股份和洪涛股份，其中，安信信托由43万元增加至1.59亿元，大增366倍；万科由3 415万元增加至92.5亿元，激增272倍；北京银行由1.43亿元增至349.9亿元，大增244倍；华帝股份由97万元增加至1.91亿元，增长196倍；洪涛股份由85万元增加至1.01亿元，增长119倍。

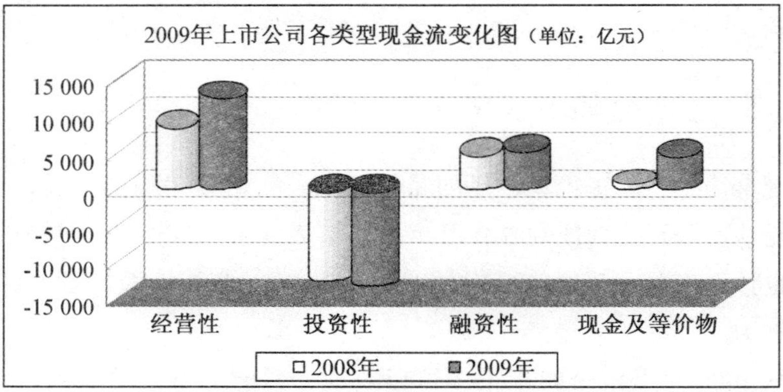

图4-9　2009年上市公司各类型现金流变化图

数据来源：财汇资讯

是什么原因令上市公司钱包突然得到膨胀呢？

笔者认为原因有二：一是政策向好，创造良好环境。在经历了2008年全球金融危机的冲击之后，上市公司一度陷入困境，然而在政府刺激经济政策，适度宽松的货币政策出台之后，我国宏观经济逐渐走出低谷，为上市公司的生产经营提供了较好的宏观背景，企业经营发展走上良性轨道，也使得经营活动中产生的现金流量能更加及时地兑付，形成上市公司经营性现金流量净额的提升。二是整体经济环境向好也带来企业回款良好，甚至2008年没有收到的应收款项很多也在2009年实现收回。这也是2009年经营现金流量净额增速远超2009年营业收入增长（2009年营业收入同比2008年增长2.67%）的原因。

下面来找一下股市里的“富人区”究竟坐落何地。

在申万行业的23个板块中，2009年总体加权平均每股经营现金流量超过1元的行业有5个，采掘业是最富有的行业，平均每股经营现金流量1.5626元；金融服务、信息服务紧随其后，平均每股经营现金流量分别为1.4954元、1.4825元，成为仅次于采掘业的两大“富人区”；化工、食品饮料两行业平均每股经营现金流量均超过1元，与上述3大行业组成了2009年最富有的5大行业。而在2008年，总体加权平均每股经营现金流量超过1元的行业仅有3个，也是2009年的前三甲，只不过排行榜名次有别。金融服务是2008年当仁不让的最富有行业，平均每股经营现金流量1.6852元；信息服务、采掘业分别位居第二、第三，平均每股经营现金流量分别为1.4573元、1.1541元。显然，采掘业从2008年的第三名跃升至2009年的首位。

由于各行业的特点不同，经营性现金流在不同行业的具体表现也不一样。统计结果显示，不同行业2009年经营性现金流量的变动差别较大，其中房地产、交运设备、公用事业等行业的经营性现金流量净额增速位居前列，而有色金属、交通运输、电子元器件等8大行业经营现金流净额出现负增长。

如图4-10所示，具体来看，房地产业2008年总体加权平均每股经营现金流量为－0.4511元，而到2009年，这一指标为0.5132元。由负转正，成为各行业表现最突出的。交运设备、公用事业、化工3大行业2009年平均每股经营现金流量分别为0.8086元、0.9569元、1.1424元，同比增速分别为94.09%、82.01%、78.36%。餐饮旅游、机械设备、建筑建材、家用电器、食品饮料等行业现金流增速也十分明显。

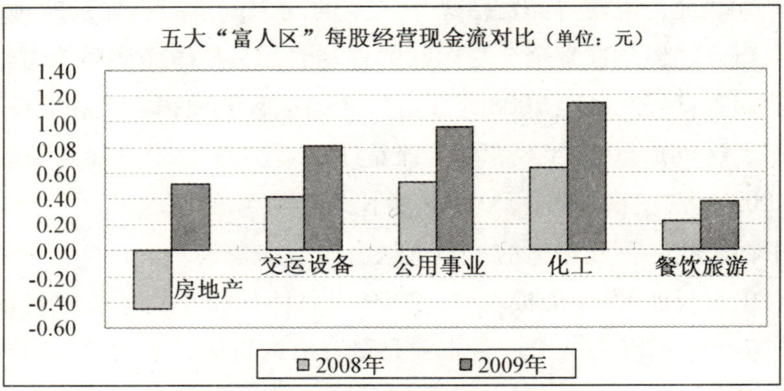

图4-10　2009年5大“富人区”加权平均每股经营

数据来源：财汇资讯

这里单独关注一下房地产业和以汽车为代表的交运设备业。

伴随着2009年房价的节节攀高，2008年经营活动现金流为负的房地产行业2009年彻底实现了扬眉吐气。这得益于2009年楼市火爆带来的销售回款大增。108家房地产上市公司2009年的净利润为427亿元，同比2008年的282亿元增长超过50%，经营性现金流净额共计为486.78亿元，实现“转正”，而2008年该数额为－382.12亿元，前后差距高达868.9亿元。其中，冠城大通、阳光城、招商地产分别以4.95元、4.69元、4.11元分列每股经营性现金流的前3名。值得注意的是，上述房产公司2009年的预收账款共计为1915亿元，同比2008年的921亿元足足增长了两倍。这在很大程度上为2010年的现金流状况提供了保障。不过，2009年因为市场火爆和房企谨慎同时出现，才导致行业经营性现金流5年来第一次出现正值，多少带着偶然性因素。数据显示，2010 年上半年房地产行业的经营性现金流已重归“负时代”。2010 年上半年的房产上市公司加权平均每股经营性现金流为 -0.7082 元，该行业现金流状况走弱的风险已逼近。

对于汽车行业来说，2009 年则收获了高达 3.7 倍的现金流净额同比增幅。国内 21 家汽车整车生产商 2009 年实现净利润总额为 149.6 亿元，同比 2008 年的 32.2 亿元增长 4.6 倍，实现经营活动现金流净额共计为 426 亿元，同比 2008 年的 115 亿元增长了 3.7 倍。其中，福田汽车和江铃汽车分别以 4.46 元和 3.61 元占据 2009 年每股经营活动产生现金流量净额的前两名。值得注意的是，福田汽车的每股现金流从 2008 年的负 0.46 元一跃而升到 2009 年的 4.46 元。此外，海马股份、金龙汽车、中国重汽、东风汽车、迪马股份、一汽夏利的经营活动产生的每股现金流同样实现了由负转正的大逆转。数据显示，2009 年汽车产销 1364.48 万辆，同比增长 46.15%。2009 年汽车销量同比大增，是生产商瞬间跃升“现金奶牛”的直接原因。相对应而言，汽车行业 2009 年的筹资活动产生的现金流量净额为负 57.9 亿元，而 2008 年同期则为 17 亿元，这很大程度上彰显了汽车行业的现金流富足程度，筹资活动下降。与此同时，该行业 2009 年的投资活动产生的现金流绝对值为 177 亿元，同比 2008 年的 108 亿元大增 63.8%，汽车行业的扩产及相关项目投资力度的增加可见一斑。

相反，有色金属、交通运输、电子元器件 3 大行业现金流明显萎缩，2008 年平均每股经营现金流量分别为 0.4927 元、0.61 元、0.2693 元，而 1 年后这一指标数据分别下滑至 0.2201 元、0.3487 元、0.2102 元，同比减幅分别为 55.33%、42.83%、21.94%。另外，黑色金属、轻工制造、金融服务现金流也出现明显的下滑，减幅均超过 10%。

其实，经营性现金流的状况也不能完全代表一个行业的发展状况或公司的经营情况，部分行业因为具有其经营独特性，也可能导致经营性现金流特别突出。例如资本密集型企业，固定资产规模比较大，而折旧不会产生现金流出，其经营性现金流量就可能远超净利润，如水电企业每股经营性现金流量一直高于每股收益。同样的还有商业、景点旅游、钢铁等相关行业的上市公司也存在着这样的情况。

也就是说，对于此类个股是否具备高成长性，除了现金流因素之外，还需要考虑到其他因素。比如经营性现金流量净额是可以调节的，上市公司可以通过关联方做高销售收入，而且也是当时支付货款，到次年再通过向关联方购买商品，支付货款，如此可使此会计年度的净利润与经营性现金流量都获得增长，因此投资者还得结合主营业务收入的销售客户进行综合对照。

2011 年加息预期日渐临近，这更是让负债率较高的上市公司难再现“现金充裕”的理想现状，公司的财务成本无疑将随之增加，而再融资能力也将受到挫伤。

◇◇◇◇◇分红，最实在的回报◇◇◇◇◇

每年 3 月底 4 月初，正是初春草长莺飞的时节，在 A 股市场，上市公司年度财务报告以及分红方案的披露也迎来最高峰。一些“出手阔绰”的公司总能得到投资者的热捧；另外一些“吝啬寒酸”的公司则又一次不可避免地戴上“铁公鸡”的帽子备受指责甚至谩骂。

当前 A 股上市公司分配无外乎 3 种方式：送红股、公积金转增股份以及派送现金股利。送红股是指上市公司将净利润不以“现金股利”的形式而以发放股票的形式分配给股东，结果是利润转化为了股本；转增股虽然同样是上市公司送予股东的股份，但送红股是利润分配所得，转增股则从资本公积金转成股本；现金股利是上市公司以货币形式支付给股东的股息红利，也就是人们常说的每股派息多少元。

在分配方案上，绝大多数投资者都希望自己手上的上市公司最好既有高比例的送股、转增，又有大把的现金分红。退一步看，即便只能在这 3 种方式中选择一种，似乎更多的投资者乐于接受现金分红。在这些投资者看来，不论是送股还是转增，所获的股份仍需要变现的过程，而现金红利显然来得更为“实惠”。

下面就从上市公司派现说起。

1. 第二个 10 年的转折

在中国证券市场的 20 年里，上市公司后 10 年分配特点与前 10 年相比有着转折性的变化。总体来看，我国上市公司在 2000 年之后，现金股利分配趋于平稳，但不分配公司的比例逐渐上升。

具体来看，1991 年，上市 1 年的广电电子分红 2 000 万元，是唯一分红的上市公司；1992 年 27 家上市公司分红累计 3. 76 亿元，其中广电电子分红 6 000 万元；1993 年 111 家上市公司分红合计 41. 55 亿元，其中广电电子再分红 3 600 亿元；1994 年至 1996 年，上市公司年均分红 82. 47 亿元；1997 年，上市公司分红终于突破百亿元，达到 109. 3 亿元；在随后的 8 年时间里，上市公司现金分红如芝麻开花节节高，年分红均数百亿元；直到 2006 年，上市公司累计分红额超过千亿大关，达到 1 322. 31 亿元；2007 年至 2009 年，上市公司年分红额分别是 2 845. 56亿元、3 419. 13 亿元、3 780. 97 亿元。

显然，上市公司年度分红总额一直处于攀升的状态，且近 10 年上市公司派现比例趋于平稳。这种平稳表现在两方面：一是发放现金股利的公司比例趋于平稳；二是上市公司发放的现金股利占净利润的比例趋于平稳。

2000 年以前，发放现金股利的上市公司比例起伏较大，但 2000 年以后趋于稳定。这是一种较为明显的转折。

1995 年以前，我国上市公司发放现金股利的比例较高；占所有上市公司比例的 50% 以上；1996 年至 1999 年，发放现金股利的公司比例大幅降低，仅为30%左右；2000年以后，基本稳定在50%～60%之间。2009年最新一期的年报显示，在1881家上市公司中，有981家披露了分红方案，占比52.15%；在2008年，1624家上市公司中有849家披露了分红方案，占比52.28%。

上市公司分红能趋于稳定，和中国证监会的督促有关。早在2004年9月，证监会主席尚福林表示，要制定强制上市公司分红的措施，不分红的公司要限制再融资；原国资委主任李荣融提出，要配合证监会对上市公司进行强制分红。国资委准备对下属企业的利润考核指标中加上“分红利润”这一条。2008年10月，证监会发布《关于修改上市公司现金分红若干规定的决定》，要求上市公司在章程中写明分红原则，在年报中详细解释分红政策，取消中期分红的限制，提高再融资门槛，要求必须满足3年分红不少于年均可分配利润的30%。

不过，不分配公司的比例逐渐上升，近年维持在50%左右。

数据显示，1994年以前，不分配的上市公司数量不到10%；1995年以后，不分配的上市公司比例逐渐提高，到1999年，高达62.36%的上市公司选择不分配股利；2000年以后，不分配股利的公司比例有所下降，基本保持在50%左右。

上市公司近10年派现比例趋于平稳的另一个特征是，我国上市公司发放的现金股利占净利润的比例波动较大，近年来趋于稳定。1996至2000年期间，我国上市公司发放的现金股利占上年上市公司净利润总额的比例显著低于50%，最低的1997年仅有24%。2001年以后，该比例基本稳定在50%左右。

2. “铁公鸡” 两大藏身之处

上市公司现金分红在不同的行业板块上也有差异。

以沪深300指数成分股为代表的蓝筹公司，各项现金分红指标均达到较高水平。从现金分红公司占样本公司比例看，两组公司2008年与2009年均在8成左右；2008年沪深300指数成分公司分红比率高达

78%，2009 年这一比例增长到 83%。

中小企业板上市公司现金分红指标表现出色。中小企业板上市公司 2008 年现金分红的公司比例达到 75.36%，2009 年现金分红比例达到 76.9%，与沪深 300 指数成分公司相当。

自然，一些“奶牛王”要么聚集在沪深 300 指数成分股中，要么集中在中小企业板中；反之，那些一毛不拔的“铁公鸡”则主要汇集在既非大盘蓝筹也非高成长股里。

据权威数据统计，2000 年至 2009 年的 10 年时间里，有 124 家上市公司年年分红，成为名副其实的“奶牛”，这些上市公司年年得到市场资金的追捧。当然，这些公司不包括上市不满 10 年的公司，自然也没有中小企业板的身影。

从累计分红总额度上看，宝钢股份、武钢股份和鞍钢股份 3 家钢铁公司最牛，累计分红总额分别达到 379.41 亿元、145.24 亿元、128.75 亿元，3 家公司也是名副其实的“奶牛王”。

从分红持续性上看，又有 5 家公司最为突出。万科 A 最典型，1992 年至 1999 年，年年分红都少不了万科 A，上市后累计分红总额达到了 43.94 亿元。其中在最近 5 年时间里，万科 A 累计分红 32.58 亿元。

申能股份自 1993 年以来，年年分红，也是人们心目中最慷慨最可爱的“人”，17 年时间累计分红 94.56 亿元。在最近 5 年时间里，申能股份累计分红 34.68 亿元。

佛山照明、长城开发、南京新百与申能股份同路，在过去的 17 年时间里，年年不忘给投资者发“红包”，3 家公司上市以来累计分红额分别为 24.7 亿元、18.13 亿元、5.09 亿元。

上述 8 家公司是主板 A 股分红的楷模，这种分红效应也扩大到了中小企业板中。达安基因、广州国光、黔源电力、伟星股份是中小板高分红的代表，均已经实现了持续 6 年的分红，且累计分红总额均超过 2 亿元，尤其是达安基因累计分红达 3.22 亿元。

说完了“奶牛王”，不妨再看一下“铁公鸡”。

大亚科技、宏图高科、太极集团、浪潮软件4家公司可以说是“铁公鸡”，据笔者观察，这4家公司近5年一直未分红，但其每股未分配利润维持在较高水平，每股收益也不错。比如大亚科技，近5年平均每股未分配利润为1.3129元，平均每股收益为0.6773元，具备明显的分红能力，但遗憾的是，公司一次次令投资者失望。从未分红记录的年份看，金杯汽车以16年不分红的记录位居“铁公鸡”榜首，光华控股、特力A等公司也已15年未提出过任何利润分配或资本公积金转增股本预案。

笔者认为，“铁公鸡”是市场失灵的表现，说明股市秩序混乱，证券市场不可能自发地纠正“铁公鸡”现象，更无力营造市场经济秩序。股市秩序是资本市场运行的基础，没有良好的股市秩序，资本市场无法良性运行，维护股市秩序是政府义不容辞的职责。要改变政府在证券市场规制方面“缺位”或“不到位”的现象，应该用加强政府规制的“铁扫帚”清扫“铁公鸡”这样的“灰尘”。随着“铁公鸡”与“奶牛王”的年年PK，随着股市分红制度的健全，“铁公鸡”将悄悄退出市场。当所有上市公司都实施现金分红时，中国人也可以像美国人那样，在证券市场上通过分红取得投资收益，一只股票可以藏它几年、十几年，甚至几十年。

3. 一味高分红不见得是好事

对任何人来说，送钱当然是好事，是天天盼的好事。但在证券市场，即使盼来了，也不一定是好事，也就是说，上市公司一味高分红不见得都是为投资者着想。

这话要从以下两方面去说。

一方面，上市公司现金流情况较好，负债率偏低，主营业务成长性差，近年内无资本性开支计划。此时，分红不会影响公司经营，不影响每股收益，分红之后的除权股价可能不会下跌，流通股股东的整体收益上升。这种情况，上市公司分红是恰当的，对投资者来说是好事。

另一方面，上市公司负债率高，有庞大的资本性开支计划，近期已完成或有意再融资。此时，高分红就不见得是好事了。因为，分红派息需要缴纳10%的股息税；再融资也是有成本的，得付出承销费、保荐费等。上市公司既然缺钱，就没必要折腾分红了。扣除税收等成本，流通股股东的整体收益有可能不升反降。

举个例子，国元证券于2009年11月增发新股再融资96亿元，2010年3月9日，公司则宣布拟每10股派息5元，分红总计9.82亿，几乎把2009年全年净利润10.37亿元分光。读者可算一笔账：9.82亿元分红需要缴纳税收0.98亿元，增发发行费用总计2.99亿元；若不分红则可少增发9.82亿元，可以省下0.29亿元。两者合计为1.27亿元。

还有一种漏洞，分红会成为一种变相的大股东、管理层减持套现的手段。A股IPO上市3年后，控股股东才可以减持股票。在这样的背景下，倘若新股IPO时由于发行定价过高而出现超募，手握重金的上市公司就有很强的动机进行大比例分红。以2009年底上市的中小板个股湘鄂情为例，公司IPO实际募集资金净额高达8.86亿元，超拟投向的项目需求总额近1倍，这意味着公司账面上会有4亿元“过多”的现金。因此，湘鄂情2009年分配预案为每10股派2.85元，而公司每10股的未分配利润只有4.11元，分红占比为69%。公司大股东直接及间接持股合计9600万股，本次分红相当于套现2000多万元。

还有不少小盘公司，刚刚上市不久，便以大手笔分红吸引或取悦于投资者，殊不知背后已藏隐患。比如创业板上市的神州泰岳，公司尚处于技术成果转化为生产力的初级阶段，现金流量本身并不充裕，公司有限的流动资金必须使用到科研、营销等关键的运营环节。这样的公司如果采用现金分红，不仅不利于公司的发展，还可能成为制约公司科研投入以及后续发展的障碍。可惜，神州泰岳分红了，而且力度不小，2009年“每10股转增15股派现3元”。

足见，上市公司分红派息的情况比较复杂，无法一言以蔽之，有时是好事，有时不见得是好事。在笔者看来，上市公司分红最核心的问题可总结为一句话：上市公司推出的分红方案应该适合于公司的发展实际，对于那些现金流量较为紧张且具有良好成长性的公司（比如大多数科技类公司以及商业模式创新类公司）来说，还是把口袋里的钱用在刀刃上更实惠。

4. 客观看股息率

没有人能准确预测出股市何时才能重走牛市，尤其是中国股市，熊市的时间总是特别漫长，牛市的机会往往是稍纵即逝。怎样才能抓住牛市的机会呢？怎样才能在熊市中不怕跌呢？投资高股息率股票。行情不好，投资高股息率股可以吃股利；行情好时，则可以享受股价上涨的收益。

股息率，是股息与股票价格之间的比率。在投资实践中，股息率是衡量企业是否具有投资价值的重要标尺之一。它既是挑选收益型股票的重要参考标准，也是挑选其他类型股票的参考标准之一。如果连续多年年度股息率超过1年期银行存款利率，则这只股票基本可以视为收益型股票，股息率越高越吸引人。决定股息率高低的不仅是股利和股利发放率的高低，还要视股价来定。

从海外成熟市场的经验看，股息率的高低往往成为衡量一家上市公司是否具有真实高回报的最重要指标。而在一个相对弱势的市场中，那些具有相对较高股息率水平的防御型公司，也更具安全边际。

境外上市公司通常将其盈利的很大一部分用于支付股利，且现金分红是公司支付股利的最主要方式。从世界范围来看，股息收益在各个市场中得到普遍重视，根据道琼斯公司对世界上32个主要的国家和地区的统计，各市场的平均股息收益年率为2.205%，其中多数市场的股息收益率大于2%。

我国上市公司的股息率仍处于较低水平，但逐年有所增加。1998年以前上市公司股息率远低于同期1年期银行储蓄存款利率。1999年以后，由于我国1年期银行储蓄存款利率已降至较低水平，而上市公司股息率上升，因此两者的差距有所缩小。2001 年以后，我国上市公司股息率逐年有所提高，2004 年以后年平均股息率均超过 1%。

截至 2010 年 7 月 9 日，A 股市场中已有 86 只个股的股息率超过了 2.25% 的 1 年期定期存款利率，更有 33 只个股的股息率超过 3 年定存利率。早在 2010 年 4 月中旬大盘回调前夕，沪深两市股息率高于 2.25% 的股票仅有 25 只。在近 1 个多月的调整中，一些股票的股价快速下跌，促使当前股息率高于 1 年期存款利率的股票队伍迅速壮大。锦江投资、中信证券、航民股份 3 只股票在 2010 年 4 月中旬至 7 月 9 日期间，股价分别重挫 41%、60% 和 30%，股价大跌促使其快速进入高股息率队伍，其股息率分别为 2.9%、4.2% 和 2.2%。经历近期的大跌后，其投资价值逐渐凸显，这再度印证了“机会是跌出来的”这一市场流行语。

有这样一个真实的故事：股民老王的儿子 2009 年 9 月准备上大学，于是到银行提取 1 年前存在的 1 万元，按照 1 年期定期存款 2.25% 的利率计算，他连本带利最后取出了 10 180 元（税后）。但和他所买入的股票相比，老王却觉得超级不划算。“当时存这笔钱就是怕股市下跌，结果现在发现这 1 万元还不如买股票呢。”老王说，他在年初买了建设银行股票，建行 2009 年拟每股派现 0.202 元，按其收盘价计算，其股息率已达到 4.24%，远高于 1 年期存款利率。

其实，在 2010 年 4 月之后的大盘持续调整中，一些股票的股价一跌再跌，在估值水平不断下降的同时，其股息率已悄然高于 1 年期存款利率。

在低迷的股市中，超过定期存款利率的股息率对投资者已具备相当的吸引力。也就是说，此前买入上述 86 只股票的投资者，收益比存款要高。而一旦股市再继续下跌，投资者的收益只能是越来越高。

高股息率股票也具有行业特征。当前股息率高于定期存款的 86 只股票主要分布在金融服务、交通运输和公用事业等行业。建设银行按股息率已达 4.24%，远高于 1 年期存款利率；长江证券 2009 年拟每股派现0.4元，其当前股息率为3.7%。

笔者对证券市场最大主力机构基金也做了一番数据分析，结论出乎意料，基金更是对一些高股息率股觊觎已久。笔者曾于2010年7月26日在证券日报头版头条发表文《热衷价值投资111只基金锁定34只高股息率股》，就此摘录如下。

2010年二季度，基金重仓股发生明显变化，重仓持股范围却有所收窄，重仓股占全部A股比重的36.01%，较一季度末减少了0.4%。值得注意的是，半数股基在二季度"热恋"高股息率股。

最新统计，二季度末，210只主动管理型股基重仓444只股票。按7月23日收盘价计算，目前有34只基金重仓股股息收益率超过1年期定期存款利率2.25%，持有这些股票的股基合计111只，占比半数。也就是说，52.86%的股基持有占比仅7%的重仓股。显然，基金对市场的看法较一致，且选择更多倾向于足能"坐收渔利"的高股息率股。

7月以来，大盘维持着稳步的上升态势，同期34只高股息率股整体初现峥嵘，平均涨幅远远跑赢上证指数。与其同时，持有强势股的基金业绩表现突出，囊括了逾6成跑赢同类业绩的股基。

据《证券日报》基金周刊最新统计，34只高股息率基金重仓股7月以来股价平均上涨9.92%，与同期上证指数7.24%的涨幅相比，具有很大的优势。

历史行情证明，股价能稳定上涨的公司均需要业绩及高回报支撑。基金二季度侧重股息率选股，果断投资"聚宝盆"式的不断"下蛋"的公司，以便在中长期获得稳定收益。从基金业绩表现看，7月以来，210只主动管理型股基平均净值回报率为6.21%，同期持有高股息率股票的111只股基平均净值回报率为6.85%。值得注意的是，跑赢同业平均业绩水平（6.21%）的股基合计106只，其中重仓高股息率的股基就有66只，占比达到62.26%。

业内人士表示，高股息率股具有较高的现金收益特征和高成长性，这成为目前我国红利型基金领涨同时有稳健高回报的重要原因。事实证明，得益于较高的股息率，基金重仓这些股票可获得中长期稳定的收益增长。

“在熊市中，股息率高的个股具备较强的安全边界。”信达澳银基金表示，“随着A股的流通市值规模不断提高、资产供需失衡状况不断改善以及机构投资者投资理念日趋成熟，A股市场股息率的上升趋势也会日益明显。当前参与红利股票或红利基金的投资，不仅可以在低迷的市场中获得较稳定的股息回报，还能把握股市上涨的机会，获得更高的资本性收益。”数据显示，信达澳银基金旗下两只基金持有高股息率股：信达澳银领先增长重仓新和成587.9万股；信达澳银中小盘重仓新和成156万股、浙江医药121.41万股。新和成、浙江医药两只股票7月以来涨幅分别为18.17%、16.82%，信达澳银领先增长、信达澳银中小盘两只基金7月以来净值增长8.3%、8.74%，跻身股基业绩前1/3排名。

笔者认为，挖掘股息率股票不能单纯地以2009年的现金分红为依据，因为不排除一些公司为符合再融资中关于分红的规定而突击派现的可能。因此，上市公司要连续多年现金分红，这样其股息率最为真实。比如盐钾肥、张裕A、宇通客车等多家公司已经持续4年以上进行现金分红；比如中国银行、工商银行等，业绩增长稳定且主要通过支付较高的股息回报投资者。

◇◇◇让并购重组来得更猛烈些吧◇◇◇

根据WIND资讯统计数据，2010年以来，共发生3276起上市公司并购重组事件，企业资产转让速度加大，而1994年只发生9起并购重组事件。

业界预判，随着中国资产证券化进程的深入，未来中国的并购交易将取代IPO融资交易成为资本市场中最主要的活动，资本市场将在中国经济的存量优化过程中扮演重要角色。

早在2007年，央企整合作为国资委重点推进的工作之一，在处于大牛市主升浪的资本市场上得到了前所未有的追捧，以中国船舶、中国远洋为代表的一批央企上市公司，都因资产注入等重大重组事件而走出了一波登峰造极的行情。2009年，ST九发两个半月上涨330%、顺发恒业月涨幅1808%、万方地产月涨幅438%、高淳陶瓷11个涨停板涨幅达182%等，全都与并购重组概念有关。人称最牛基金经理的王亚伟也因为慧眼识重组股而获得高额溢价。

A股市场的并购重组板块蕴藏着巨大机遇和风险。

机遇在于，并购重组板块既是牛市中最好的攻击性板块又是熊市中最好的防御性板块，以2009年全年涨幅最大的20只A股公司为例，16家公司具备强烈的重组预期或者进入重组进程。

风险在于，鱼龙混杂的重组传言和信息的不对称导致了股价的大幅波动和巨量换手，16家公司2009年的日均换手率相当于沪深300指数成分股的1.82倍。

这就是并购重组在二级市场中展现出来的魅力。

1. 两大版本：借壳与分立

重组一直是A股市场题材炒作的“东方不败”。近几年来，中国资本市场的并购重组位居世界前列。

从2006年至2009年上半年，共有123家上市公司进行了以促进产业整合、行业升级为目标的并购重组，交易金额达到8334亿元，完成并购重组后上市公司净利润、总收入和总资产平均增长了1~3倍。通过并购重组孵化出了中国铝业、中国船舶、中国远洋、长江电力、海螺水泥、青岛海尔等一批具有国际竞争力的企业，东方电汽、武钢股份、葛洲坝、上海汽车、攀钢钢钒等一批上市公司实现了整体上市。

可以这样说，并购重组是中国式拉长资金杠杆的办法，是中国企业做大做强、减少产能的独门秘器。

就在2009年8月的最后一天，长江电力召开的股东大会，占公司股份总数79%的3256名股东及股东授权委托代表，毫无悬念地以99%的得票率通过了公司重大资产重组方案。整合千亿资产的长江电力，成为A股市场最大规模的重组案，而在电力、钢铁、煤炭、石化等领域，重组案络绎不绝。虽然并购重组的主导方往往通过增发等手段向投资者索要并购款，但毫无疑问，并购重组仍是中国资本市场获取厚利的最好机会。

2010年上半年，中国境外投资者和境内投资者并购交易活动总量相较2009年上半年（近3年最低点）反弹了26%。2010年上半年共公布了1884宗国内并购交易，其中交易金额超过5亿美元的有22宗。笔者注意到，在上市公司并购重组中，有两种方式不可忽视，并且也是上市公司屡试屡爽的。

首先，借壳。

在中国内地，借壳重组是解决上市公司困境的有效途径；更为关键的是，借壳重组能够保住上市资格。一经重组，公司的债权人、原有股东、新引入的投资者、当地政府、中小投资者等各利益相关方“皆大欢喜”。而监管部门虽意识到借壳上市的危害性，但碍于各方利益，在改革借壳上市一事中总有点瞻前顾后。

据中信证券的研究分析，从过去10年的数据来看，A股市值增长最快的50只个股中，借壳或是资产重组类占70%，而在近3年，这个比例达到了90%。

搭上重组这个题材的股票，股价很多时候会青云直上。一般情况下，各地方都不愿意放弃壳资源。对于主管部门而言，如果旗下有ST公司，还是希望通过重组等形式来恢复其盈利能力，保住其上市资格。

2009年至今，尽管并购重组类型各异，包括整体上市、强强联合、弱弱联合等，但合并同类项几乎成为了主流。2009年完成的国企合并同类项，买壳重组案例众多，比如，河北省国资委旗下的唐钢股份、邯郸钢铁、承德钒钛以换股吸收合并的方式进行整合；攀钢钢钒以新增股份吸收合并攀渝钛业和*ST长钢；华联与联华的重组；另外还有云天化集团、盐湖集团的重组方案等莫不如是。

与国企合并同类项借壳相映成趣的是，房地产企业在2009年买壳上市成风。目前绝大多数房地产企业登陆资本市场都是靠借壳实现，包括金融街、招商地产这样的明星房地产企业。据统计，在2009年，ST公司中有超过30宗买壳重组案例顺利完成，且无一例失败案例。有市场分析人士称："在ST公司脱胎换骨中，房企可谓风光无限。就连曾叱咤一时的春兰股份，也是靠注入地产业务得以重生。"

但一切都在变化。近期，证监会正在酝酿出台新规提高ST公司的重组门槛的消息满天飞。主要内容包括已暂停上市的*ST公司，要想脱帽摘星恢复上市将向IPO标准看齐；借壳暂停上市股必须是同行业企业，如果不是同行业企业，就要按照IPO条件，还要压缩重组时间。不可否认，随着IPO的加快以及对再融资审核条件的严格，壳资源的价值是在慢慢下跌的。

最近上海3家医药公司重组，还有东方航空吸收上海航空，都采取了弃壳的做法，也就是在参与重组的公司中，凡资产被收购后出现的净壳，都予以注销而不再卖出。这对于寄希望于卖壳求生的ST板块来说，是彻底的一个悲剧。

在境内资本市场，借壳重组交易往往会引起股价飙升，引发内幕交易，市场对此"既爱又恨"。一方面，借壳重组往往因可为投资者带来巨额收益而备受追捧，可另一方面，大量垃圾公司因借壳重组概念被爆炒，严重扭曲了资本市场优化资源配置的功能，饱受市场诟病。2008年4月，证监会正式发布了《上市公司重大资产重组管理办法》，提出重大资产重组应等同于IPO。但实际上，政策要宽松得多，如无法满足3年业绩盈利的公司均可借壳上市，完成资产证券化的目标。2010年，证监会从严审批借壳重组交易趋势已越来越明显。已基本暂停了房地产企业借壳上市的审批，还提高了借壳上市交易的多个标准，包括估值定价、项目陈述、环评要求等，这些都基本趋同于IPO上市的标准。2010年8月2日，证监会首次通过网站互动交流平台对现有并购重组相关法律法规及细节做出说明和解读。此次改革，监管部门打算对借壳方提出盈利要求，规范借壳重组的标准。

其次，分立。

上市公司的分立在2010年成为A股的新兴产物，迄今为止，上市公司分立只有一例，但因此前在A股市场从未出现过，故成为热捧对象。

2010年3月19日，由原东北高速分立而成的两家公司，吉林高速和龙江交通上市首日股价大涨。3月23日、24日、25日，吉林高速连续3个涨停；6月26日，更是放巨量，将股价推高至6.11元，当天成交9.09亿元。龙江交通几乎复制了吉林高速的走势。证监会有关负责人表示，东北高速进行分立，是采用国际通行和我国法律许可的金融工具，以市场化方式解决历史遗留问题，化解市场和社会稳定风险。但既然有了第一次，就有第二次。市场对上市公司的分立有很强的期待。

据媒体报道，目前有300多家企业的资产重组方案已呈报证监会，在此一点上，国资委与证监会达成共识，购并重组是国资委鼓励国有企业做大做强的重点工作。证监会主席尚福林曾做出这样的表示："随着上市公司占国民经济比重的不断提高，上市公司通过并购重组进行结构调整、产业升级，将成为促进我国经济结构调整、经济发展方式转变的重要途径。有效发挥资本市场功能，支持促进有条件的企业并购重组，是资本市场服务于国家宏观经济政策目标的重要组成部分。"

近10年来，随着我国资本化趋势的不断强化，资本市场上有近400家上市公司通过并购重组改善了基本面，提高了盈利能力、持续发展能力和竞争力，一批上市公司通过并购重组实现了行业整合、整体上市等目标。2008年和2009年，上市公司并购重组交易额达到6965亿元，加快了资源向优势企业集中，促进了产业结构升级。

2. 5句“三字经”

显然，市场为并购重组平添了不少耀眼的光环。不过，投资者需要注意的是，并非是所有并购重组都是一帆风顺的，也并非所有的并购重组都是心甘情愿的。换句话说，上市公司并购重组也有不少失败，也有不少内幕。

2009年来，A股上市公司尽管并购案例众多，但失败案例亦出乎意料增多。据统计，在176家提出重大资产重组预案或草案的公司中，有16家公司重组失败。2009年12月3日，赛格三星宣布重组方案尚不完备，终止筹划重组事宜。仅2009年9月一个月，就有久联发展、涪陵电力、梅花伞等发布终止筹划重大资产重组事项公告。较早前，水井坊、金德发展、江苏宏宝、国兴地产等多家公司也纷纷重组失败。

2010年6月7日，在停牌13个交易日之后，宏达股份公告称：“经过充分论证，鉴于交易目标资产相关条件不成熟，本次资产重组事项的其他工作也无法开展，宏达集团决定终止商谈涉及宏达股份的重大资产重组事宜。”这已经是继通化金马之后又一家在被疑存在内幕交易后宣布终止筹划重大资产重组的上市公司。资产重组计划宣告终止当日，宏达股份开盘随即跌停，停牌前高调建仓的两家疑似基金席位也快速被套上千万元，1季度刚刚潜伏该股的基金已经累计浮亏将近20%。

宏达股份是在2010年5月19日晚间发布的重大资产重组及连续停牌公告，但就在此前的5月18日，最高人民检察院和公安部明确操纵证券市场和内幕交易的立案追诉标准。就在市场目光开始聚焦内幕交易时，宏达股份进入了投资者视野。因为宏达股份在重组前一交易日出现巨量涨停，被《人民日报》质疑存在内幕交易的可能。《人民日报》的文章指出，在重组公布之前的5月19日这个交易日中，宏达股份出现异动，成交放出6.7亿元的巨量，是前一个月平均每天2亿多元成交量的近3倍。因此这被外界质疑重组消息提前泄露，当天大量买入宏达股

《企业管理》杂志主要栏目及内容介绍

一、特别关注

1．本刊特稿：高层领导、著名专家、学者或机构对我国企业改革与发展重大问题的权威性论述。

2．热点追踪：对企业及企业家关注的典型人物、事件或热点、难点、重点问题的深度报道；对流行的企业管理实战性题材的透彻分析、报道。

3．政策解读：对政府出台的关系企业发展的有关政策的针对性解读。

二、论坛

1．百家争鸣： 就相关管理事件、问题的多方观点、意见与建议。

2．经典回顾： 对经典管理理论与观点的探讨与反思。

3．独特视线： 对新兴管理理论与观点的探索；对管理理论与事件的独特感悟。

三、实务·案例

1．管理创新：企业创造的、典型的、行之有效的管理模式、相关举措、创新成果介绍。

2．成败通鉴：典型企业发展过程中的成功之道及可资借鉴的教训。

3．案例分析：选择典型企业案例，请专家进行分析和点评。

4．咨询·诊断：对企业发展中的典型问题的分析诊断，及针对相关问题的解决方案。

四、方法

探讨各类管理方法的基本原则、具体内容、实施步骤及适应对象、适用范围：

1．生产运营：介绍现场管理、工业工程、精益生产、TOC 制约法等现代企业生产运营管理方法。

2．市场营销：介绍企业市场传播、品牌工程及销售等方面的有效方法。

3．人力资源：介绍企业人员招聘、培训、员工职业生涯规划、人事管理、绩效考核、薪酬体系等方面的具体方法。

4．技术创新：介绍企业新技术应用、新产品开发方面的具体方法。

5．战略规划：探讨企业发展战略的规划与制定方法。

……

五、管理批判

1．经典反思：对传统的、经典的管理理论、方法、知识进行客观的剖析，详细分析其适应性、局限性和缺点。

2．潮头争锋：对流行的管理理念、方法进行客观的独特剖析与探讨；对热点问题与典型事件的独到分析与独特观点。

3．名企镜鉴：探讨知名企业发展过程中存在的典型问题和危机，供其他企业借鉴。

六、管理者

1．现身说法：管理者现身说法，论述企业管理的策略、方法和经验、得失感悟、酸甜苦辣，也可采用日记、随笔等形式。

2．人物风采：通过对成功企业家或经理人的访谈，刻画出新形势下管理者的风采。

七、理论·前沿

介绍国内外企业管理的最新理念、理论、知识和方法。

八、企业信息化

1．理论探讨：探讨由于电子商务、管理软件及信息系统的应用，企业在经营管理理念、模式与业务流程方面的变革。

2．方法探寻：探讨企业信息化的具体方法与途径。

2．案例分析：结合典型案例，分析企业信息化方面的成功经验与失败教训。

《企业管理》杂志主要栏目及内容介绍

一、特别关注

1．本刊特稿：高层领导、著名专家、学者或机构对我国企业改革与发展重大问题的权威性论述。

2．热点追踪：对企业及企业家关注的典型人物、事件或热点、难点、重点问题的深度报道；对流行的企业管理实战性题材的透彻分析、报道。

3．政策解读：对政府出台的关系企业发展的有关政策的针对性解读。

二、论坛

1．百家争鸣： 就相关管理事件、问题的多方观点、意见与建议。

2．经典回顾： 对经典管理理论与观点的探讨与反思。

3．独特视线： 对新兴管理理论与观点的探索；对管理理论与事件的独特感悟。

三、实务·案例

1．管理创新：企业创造的、典型的、行之有效的管理模式、相关举措、创新成果介绍。

2．成败通鉴：典型企业发展过程中的成功之道及可资借鉴的教训。

3．案例分析：选择典型企业案例，请专家进行分析和点评。

4．咨询·诊断：对企业发展中的典型问题的分析诊断，及针对相关问题的解决方案。

四、方法

探讨各类管理方法的基本原则、具体内容、实施步骤及适应对象、适用范围：

1．生产运营：介绍现场管理、工业工程、精益生产、TOC 制约法等现代企业生产运营管理方法。

2．市场营销：介绍企业市场传播、品牌工程及销售等方面的有效方法。

3．人力资源：介绍企业人员招聘、培训、员工职业生涯规划、人事管理、绩效考核、薪酬体系等方面的具体方法。

4．技术创新：介绍企业新技术应用、新产品开发方面的具体方法。

5．战略规划：探讨企业发展战略的规划与制定方法。

……

五、管理批判

1．经典反思：对传统的、经典的管理理论、方法、知识进行客观的剖析，详细分析其适应性、局限性和缺点。

2．潮头争锋：对流行的管理理念、方法进行客观的独特剖析与探讨；对热点问题与典型事件的独到分析与独特观点。

3．名企镜鉴：探讨知名企业发展过程中存在的典型问题和危机，供其他企业借鉴。

六、管理者

1．现身说法：管理者现身说法，论述企业管理的策略、方法和经验、得失感悟、酸甜苦辣，也可采用日记、随笔等形式。

2．人物风采：通过对成功企业家或经理人的访谈，刻画出新形势下管理者的风采。

七、理论·前沿

介绍国内外企业管理的最新理念、理论、知识和方法。

八、企业信息化

1．理论探讨：探讨由于电子商务、管理软件及信息系统的应用，企业在经营管理理念、模式与业务流程方面的变革。

2．方法探寻：探讨企业信息化的具体方法与途径。

2．案例分析：结合典型案例，分析企业信息化方面的成功经验与失败教训。

份的资金可能涉嫌利用内幕信息从事证券交易。显然，在重组前闪电进入的投资者，在复牌后迎来的不是浮盈而是浮亏。

与宏达股份类似，锦龙股份、银河动力、ST 琼花等上市公司重组风险也都显露无遗。投资者一直热衷的重组股，近来着实让很多人伤心不已。

笔者经多年的跟踪观察发现，投资并购重组股需要念一念“三字经”。

第一句是“看信息，要全面”。对重组消息的分析要与上市公司的基本面及其股本结构结合起来。特别是股本结构特殊的股票，如总股本 1 亿左右和流通盘达 50% 以上的个股。此外，对重组要先怀有质疑的态度，从一级市场 3 个方面（重组方案、本身价值、基本面驱动力价值）和二级市场估值方面进行全面考虑，从政策层面、整合效率、重组资产的质地情况、盈利预测等多方面进行比较。风险与价值往往是成正比的，对于重组而言，价值性、可行性是趋利避险的根本。

第二句是“听故事，耳要聪”。行业改革的方向是明确的，上市公司的定位也是清晰的，因此整合重组的逻辑也是可以分析出来的。故事可以有很多种，但最正确的逻辑只有一个，如果上市公司重组不按这个逻辑来，他就失去了最好的道路。事实证明，大多数上市公司的整合重组符合市场的预期。

第三句是“观预期，重规模”。关注有重组预期的公司时，要注意到低价亏损大盘股和小盘股重组的可能相对大一些。

第四句是“炒重组，要手快”。密切关注重组股的量能与走势的关系，判别是庄家建仓阶段还是借消息出货，以决定进出时机。对股价已炒高的个股原则是不介入、不追涨，而与同类题材个股相比仍有潜力者，可以谨慎介入，要快进快出。对于那些基本面变化不大，或业绩无大改观的公司，要注意其股价变化，若股价突然涨势迅猛，不断创新高后，则要谨慎操作，注意控制仓位。这时候买进时也最好低买进，不要被迅猛的涨势蒙蔽双眼，因为往往涨势越大，风险也相应越大。

第五句是“带星股，不能碰”。尽量不要选择带＊号的ST公司，它们重组时间只剩下1年。没有开始债权统计的公司也尽量不要碰，债务处理是ST公司重组最关键最重要的一步。

3. 产业并购要唱主角

有这样一组数据：2006年以来已通证监会审核公司并购重组事项的统计，2006年没有发生产业整合，2007年有3次，2008年发生8次，而仅2009年一季度就已发生了3次，全年突破15次之多，呈明显增多趋势。

可见，在金融危机的冲击下部分企业经营受困，盈利能力下降，低估值为并购方提供了低成本扩张的机会。随着国内经济的逐步好转，部分行业已经开始出现产业整合的需求，上市公司并购重组模式正发生着本质的变化，即从单纯的资本重组向产业价值并购转变。由于部分央企资产购买力日益增强，重组交易规模逐年增长，对全国乃至境外市场的整合能力不断提高。

金融危机发生后，国家出台了4万亿投资计划，以及10大产业振兴规划，涉及汽车、钢铁、船舶、石化、纺织、轻工、有色金属、装备制造等产业。分析2009年的重组案例可知，以10大产业振兴调整规划为红线，上市公司的并购重组担当起了促进产业整合、产业升级、国有经济布局调整的重任：钢铁产业先后出现河北钢铁整合、鞍钢吸收合并攀钢系3家公司、莱钢济钢合并等重大重组事项；军工领域中航工业集团旗下西飞国际、洪都航空、ST宇航、ST昌河重组如火如荼，兵器两集团和航天两集团也在摩拳擦掌；汽车业广汽、北汽、长安等公司已经或正在实施区域性并购重组；煤炭业山西5大集团也面临着外延式收购扩张机会。

进入2010年，5万亿元投资计划的破茧，让中国新兴能源产业发展充满期待。随着宏观经济数据的好转，10大产业振兴规划似乎正淡出人们的视野。

不过，新兴战略性产业的发展绝非一朝一夕之事，中国经济短期内离不开传统经济的支撑。鉴于传统经济的产能过剩，发展传统行业的手段一定不再是产能的扩张，而必须是兼并重组。

对于横跨“十一五”至“十二五”的传统产业振兴规划，管理层对此充满更多的想象和期待，并对此提出政策上的支持，将人们的眼光再次吸引到传统产业中来。

2010 年 6 月 30 日，国务院常务会议专门研究部署促进企业兼并重组，会议要求，清理废止各种不利于企业兼并重组和妨碍公平竞争的规定，坚决取消地方自行出台的限制外地企业对本地企业实施兼并重组的规定。在此背景下，钢铁、汽车等相关产业的重组机会值得期待。更为重要的是，产业重组已经开始在政策上提出要求，各行业协会建议在支持行业兼并重组政策中提出适当调减并购企业上缴国家利润的比例。

目前，工信部起草的“支持行业兼并重组”政策已上报国务院，2009 年调整和振兴规划涉及的汽车、钢铁、纺织、装备制造、造船、电子信息、石化、轻工、有色金属 9 大产业外，新增了建材产业。虽然文件涵盖 10 大产业，但各行业的具体政策描述并不相同。比如钢铁行业，政策明确了几家兼并重组主体企业，建材产业则没有对重组主体作出明确要求。

在不同产业的振兴规划中，“兼并重组”都是重要内容。例如，《汽车产业调整和振兴规划》明确，通过兼并重组，形成 2 ~ 3 家产销规模超过 200 万辆的大型汽车企业集团，4 ~ 5 家产销规模超过 100 万辆的汽车企业集团，产销规模占市场份额 90% 以上的汽车企业集团数量由目前的 14 家减少到 10 家以内。规划还明确，鼓励一汽、东风、上汽、长安等大型汽车企业在全国范围内实施兼并重组，支持北汽、广汽、奇瑞、重汽等汽车企业实施区域性兼并重组。而钢铁、纺织等产业振兴规划，也分别明确了兼并重组的目标，以及主导重组的企业名单。

从 2009 年的 10 大产业振兴规划，到 2010 年的“支持行业兼并重组”政策上的研究，充分说明我国上市公司并购重组正大跨步式地从单纯的资本重组向产业价值并购转变。而眼下，新兴战略性产业的发展需要大力培育，传统产业必将重新整合，这是中国发展的必然选择，也是美国、欧盟的必然选择。

所以，在短期安排上，传统行业的兼并、重组、整合，比发展新兴战略性产业来得更加急迫。它关系到我们是否能有更多的财力物力投向战略性新兴产业，关系到我们是否能加快经济战略性转型，关系到国家的前途和命运。正如孙子兵法所云：一鼓作气，再而衰，三而竭。

中国传统行业的兼并重组的问题非常多，也正因为问题多、利益复杂，所以更需要启用中国特有的行政措施与手段，“快刀斩乱麻”。

第五篇

五大机构各揣一本“股经”

主力资金，在证券市场中扮演着影响股市甚至控制股市中短期走势的角色，其动向通常影响着个股的涨跌和板块的轮动。

证券投资基金、社保基金、保险资金、QFII、券商等市场常见的5类主力机构翻云覆雨，令中小投资者趋之若鹜。

不少投资者明明看到有机构蜂拥进驻某些股票，但跟随增仓后才发现，这些股票表现十分一般。最终，机构赚了个盆满钵满，而自己却只能对着账面黯然神伤。被机构忽悠了！当人们拍着脑袋恍然醒悟时，机构却又在暗中调仓。可见，跟随也有跟随的技巧。

所以，研究五大主力的投资特征，提前探究其兵力配备、火力部署，对中小投资者来说尤为重要。

市场第一大主力机构——基金，目前开始变得很囧。在当下的调整市场中，基金投资策略在发生“被转变”，不得已做起了波段操作。

“国家队”社保基金，可谓是最可信的“理性”投资者，因为它总能神奇“抄底”和“逃顶”。对于市场传言的社保基金靠“内幕消息”取胜，这种判断有失公允。

与社保基金保持比较亲昵关系的当属保险资金，险资与社保基金共进退，似乎在联袂主演“新庄家时代”。不过，保险资金投资主题正发生转变，逐渐由“开疆”变“守土”。

国内另一主力机构则更囧，它就是券商，其日子过得实在有些被动。“靠天吃饭”的本性至今也未能改变，市场反向标的帽子，把券商的脑袋勒得难耐。反观2009年底券商报告，绝大多数券商认为2010年将站稳2700点以上，但现在看来，券商又是集体失手。难怪私募基金经理这样戏称：“当券商集体看多或看空某段市场走势时，我们不妨逆向思考，选择和券商相反的方向可能就是正确的。”

与国内的主力机构不同，QFII的投资可圈可点，凭借丰富的投资经验、成熟的投资理念、国际化的投资视野、科学的投资管理流程，QFII取得了远远超出市场平均水平的骄人业绩。QFII来了，首先盯上了4只高成长股票；更多的QFII来了，不仅遵循了价值投资，还巧妙地做着波段操作。牛熊通吃，让国内机构看得目瞪口呆……

◇◇基金：投资策略正在“被转变”◇◇

19925.68亿元，这是纳入统计的616只基金（成立满6个月）截至2010年二季度末的合计资产净值，这一数值相当于2010年上半年国内生产总值是11.5%，相当于二季度末沪深两市A股总市值的16%，相当于2010年上半年IPO融资总额的9.37倍。

基金在证券市场中的地位无与伦比，其投资特点是资金集中、分散风险、相对专业等。

1. 牛市：从观望到进攻

这里截取中国股市第六波、第七波牛市，具体分析在牛市中的基金是如何获得高额投资收益的。

2005年6月6日—2007年10月16日为中国股市第六波牛市，历时2年4个月。从998点到6124点的新高，让无数新股民做了一场一夜暴富的黄粱美梦。基金在牛市之初略显谨慎，并未开始大规模的建仓布局，宏观因素左右基金操作策略。

2005年基金中报显示，被减持的股票数量多于被增持的，被新近建仓的股票数量与被清仓的相近。基金整体的持股集中度继续呈现上升的趋势。当年第二季度股票持仓比例由第一季度的68.49%上升至70.26%，说明基金经理在当年第二季度对后市的继续看好。从前10大重仓股占市值的比重看，由2005年第一季度的36.13%上升至第二季度的37.48%；从持股集中度看，由2005年第一季度的52.75%上升至第二季度的53.34%。

分析这个时期基金持仓行业的变化，有以下特点。

造成能源紧张的瓶颈型行业——交通运输、仓储业继续被诸多基金看好，成为最主要建仓领域；煤电联动使电力企业受益于电价上调，而煤炭业则因为提高资源税而被基金看淡；国际原油价格上涨，使石化、化工造到较大幅度减持；非周期性行业被增持的迹象十分明显；金属、非金属虽被减持，但低市盈率的优势仍使其保持较高的持仓市值比重。

牛市走出半年之后，2005 年基金年报暴露了其积极的投资风格，表现为忍痛斩仓亏损股票，而持有大量获利股票。

从配置行业上，医药、饮料、商业等具备持续增长潜力的消费类股在 2005 年四季度受到追捧，而港口、交通等周期类个股则遭遇大幅减持，甚至出局。相比上一期的基金持股，基金的核心组合更着眼于持续的“成长性”，而不畏惧股价的高低。另外，基金触角伸向一些此前并不顾及的行业和龙头股以外的股票。

再观察一下 2006 年基金年报，基金持仓的稳定度和集中度提高，这主要表现在对大盘蓝筹的配置上表现突出。从基金持仓品种的市值变化角度看，基金对 2007 年的投资，持股集中度在提高。这主要是因为 2006 年三、四季度市场热点在于大盘蓝筹，而大盘蓝筹素来是基金重仓品种，本来就居于基金持股品种市值排行榜的前列。三、四季度的行情一方面使得该部分基金重仓股市值自然增大，同时在这种行情背景下基金增加了对其重仓股的投资，两重因素导致基金持仓表面上的集中度提高。基金持仓稳定程度同步得到提高，随着基金行业的发展基金投资正在越来越成熟，风格漂移的现象日趋减少，另一方面也是整个市场越来越成熟，优胜劣汰的机制越来越有效。好品种吸引更多关注而差品种被淘汰出局是证券市场的最主要功能，而这种功能完善的标志之一就是机构投资者持股的稳定程度。从这个角度看，基金行业和证券市场的成熟是相辅相成的。

在这一波牛市里，基金从开始的谨慎看多到后期的长驱直入，令其在牛市中风光了一把。

在中国股市第七波牛市里（2008 年 10 月 29 日—2009 年 8 月 4 日），基金同样走了一个轮回。

先看牛市之初的 2008 年三季报，同样采取了调仓紧跟政策走的策略。基金狂减周期类股票，而增持的股票明显体现出 3 个特点：一是受益于政策刺激，如大秦铁路、中国铁建等；二是受到大股东增持托底的，其代表为中国石油、工商银行等；三是具有防御价值的医药、大众食品等消费类板块，如云南白药、贵州茅台等。

基金在这次牛市之初，在 2008 年预期经济不景气的情况下，基金的调仓在很大程度上要看政策的脸色行事。比如他们非常关注财政政策放松带来的机会，铁路建设、电网改造等基础设施投资受益的建筑、交通设备、电网设备等行业成为他们重点关注的对象。根据“十一五规划”，电网改造 1.4 万亿；铁路基建总投资计划 1.25 万亿元，未来两年还有数千亿待完成。

2009 年中期，中国证券市场的牛市即将抵达顶点，当年的基金中报更是显示出基金对后市的期待。不少基金在各项经济数据转暖的鼓舞下，正式确立了牛市信心，对银行、地产、煤炭、钢铁等有较强周期性、景气好转最受益者进行了大举建仓。在基金减持的股票中，电力、建筑、航运、医药股频频出现。

很遗憾，这次基金还是过于乐观了，后期的走势出乎基金经理们的意料，近一年的时间里，股指再也未能爬上 3400 点的高峰。

从基金仓位数据变化上，也能看出其中的端倪：如图 5-1 及图 5-2 所示，在第六波牛市之初，2005 年二季度至四季度，基金股票投资占资产净值平均比例分别为 37.81%、34.54%、37.19%；2006 年至 2007 年开始仓位明显增加，从 2006 年二季度开始，持续 6 个季度的增长，至 2007 年三季度，基金股票仓位已经高达 75.87%。在第七波牛市里，2009 年一季度、二季度基金开始增仓股票仓位，由 2008 年底的 47.10% 增至 2009 年二季度的 72.01%。

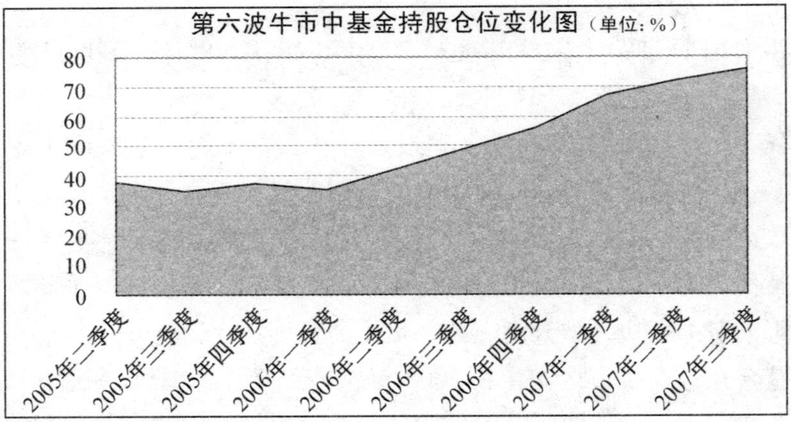

图 5-1　第六波牛市（2005 年二季度至 2007 年三季度）基金股票仓位变化图

数据来源：财汇资讯

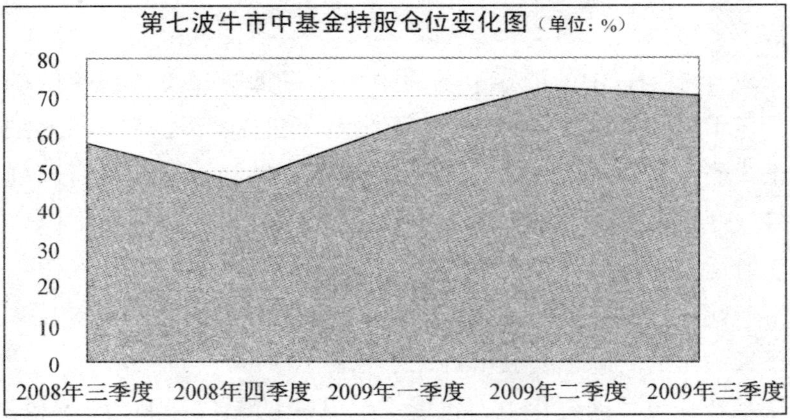

图 5-2　第七波牛市（2008 年三季度至 2009 年三季度）基金股票仓位变化图

数据来源：财汇资讯

简单总结基金牛市思维如下：在牛市之初，基金更多看政策脸色行事，增仓行业也多是政策扶持的行业；随着牛市的确立，越来越多的基金开始提高仓位，在结构调整上也更加积极，倾向于进攻性配置。

2. 策略：熊市“不作为”

截取中国股市第六波熊市（第七波熊市较短，本书不作分析），具体分析在熊市中的基金投资路线图。

2007 年 10 月 17 日—2008 年 10 月 28 日是中国股市第六波熊市。可以从基金 2007 年年报及 2008 年中报中去窥探基金的投资思路。

2007 年基金年报出现了一个有趣的现象，基金经理在回顾 2007 年市场的强劲表现后，“强劲增长”、“财富效应”等字眼迅速被“增速放缓”、“有波动无上涨”等预期取代。面对 2008 年股市的估值压力和资金供求压力，基金经理普遍表示将采取谨慎和防御的投资策略。

不少明星基金经理对笔者坦言，A 股市场没有“防空洞”，普遍将控制仓位、增强投资的防御性作为 2008 年投资的主线。将采取防守的策略，不参与概念炒作，配置向低负债、低市净率、低市盈率、低市销率的大公司倾斜。显然，基金经理们对这轮熊市比较敏感，减仓静待市场反弹。

2008 年中期，第六波熊市还剩了个尾巴，此时的基金仍基本延续年初的选择。基金整体配置变化的方向基本围绕着抗通胀和抗增长放缓两条主线进行。上游的资源行业、农业，以及抗周期的消费、医药、商业成为基金相对重配的行业；而与经济下滑关联度高的地产、金属、交运等则成为减持重点。对市值最大的金融行业基金之间有较大分歧，虽然在下跌过程中不断抛售，但季度末金融股重新回到不少基金的加仓名单中。从 2008 年下半年的情况来看，由于通胀和增长趋缓两个趋势不改，基金行业配置的主线没有太大改变，这个方向也代表了行业基本面变化的趋势。从重仓股动向来看，2008 年二季度基金重仓股转向资源类抗通胀行业的大龙头股，而对地产、银行、金属与非金属类个股逐渐疏远，显示出在持续通胀以及宏观紧缩压力下，基金持股结构重整的迫切性。上市公司业绩增速放缓以及长期持续的通胀压力，迫使基金必须做出调整。

在熊市里，基金经理的反应比较敏感，通过大幅度的减仓，完成对风险的控制。

有这样一组数据可以说明基金在熊市中的仓位控制先人一着。

如图5-3所示，2007年三季度，基金股票投资占资产净值平均比例为75.87%；2007年四季度，这一仓位数据减至75.68%；2008年一季度，股票仓位再度降至68.60%；2008年二季度，股票仓位继续下降至62.82%；2008年三季度，基金的股票仓位更是降至57.42%；在第六波熊市的尾巴，即2008年四季度，基金的股票仓位已经低至47.10%。

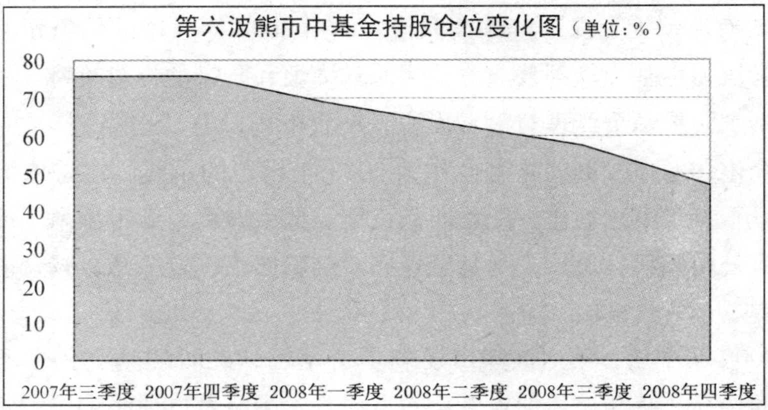

图5-3　第六波熊市（2007年三季度至2008年四季度）基金股票仓位变化图

数据来源：财汇资讯

从上述数据可以看出，在宏观经济和股市周期的转折时期，基金经理远见的策略判断力更重要。这不仅体现在仓位决策上，也体现在基金的结构调整思路上。因此，考察基金经理的策略判断力是未来选择偏股型基金的重要参考标准。

3. 2008—2010：不得已的波段操作

自2009年9月以来，A股市场一直处于一个频繁震荡期，2009年9月1日至2010年7月26日，上证指数累计下跌仅2.96%。在这个漫长的平淡的时间里，基金的操作策略倾向于适度股票仓位，采取攻防两便的策略。换句话说，逐鹿震荡市，基金短兵相接做波段。

在2009年11月，德圣基金研究中心的一份基金测算报告引起笔者的注意，摘录如下。

2009年11月19日仓位测算数据显示，各类以股票为主要投资方向的基金平均仓位变化不大，平均而言略有下降。而基金之间操作则出现较为明显的分化，有跟进补仓的基金，也有减持明显的基金。总体来看，波段操作的迹象仍然明显，这或许预示着短期的震荡格局可能延续。

……

在股票型基金平均仓位超过86%之后，基金继续增仓的空间被压缩；前周仓位操作已略显分化，而本周增减仓的操作分化则更加明显。总体来看，大幅增仓的基金和大幅减仓的基金大多是规模很小的小盘基金甚至迷你基金，因此这种分化并不代表基金主流，也不足以表明基金对后市看法出现重大分歧。

仓位变化仍然以短期调整为主，波段操作仍然较为频繁。这与本周大盘股整体表现疲软不无关系，或许预示着短线震荡的格局仍将延续。从具体基金和基金公司角度看，中大型基金公司整体仓位水平较高，普遍有小幅减仓调整的操作。博时旗下轻仓的偏股型基金博时价值、博时平衡配置出现大幅加仓迹象，也说明谨慎策略正在转变。减仓基金中出现许多债券型基金，这类基金对股票类资产的阶段性投资更趋灵活。

2010年端午节后两个交易日，上证综指下跌逼近2 500点，基金整体进行加仓。随后一周，上证综指周线收出一根小阳线，周涨幅为1.58%，最高触及2 598.35点，基金则再度减仓。显然，上证综指“胶着”于2 500点一线窄幅震荡，虽然基金加、减仓“腾挪”空间并不大，但弱市当道，波段操作依然是基金首选投资策略。在市场流向性向下、中小盘股存量与增量供给加大的背景下，部分估值偏高的中小盘股成为基金减持对象。

基金波段操作就此引起人们的讨论。“波段操作”犹如美妙无比的海妖歌声，总是诱惑着基金一次又一次地短期套利，“长期投资”的基金投资策略正不得不经历着波段操作的严峻挑战。

从2009年二季度以来的各季度基金仓位数据上大体也能看到这种波段操作的痕迹。如图5-4所示，2009年二季度基金的股票投资市值合计16 109.33亿元，占基金资产净值比达到72.01%；2009年三季度，基金的股票投资市值缩减至15 230.47亿元，占基金资产净值比达到69.97%；2009年四季度，随着股市的一轮反弹，股票投资市值环比增长23.46%至18 803.31亿元，占基金资产净值比达到72.25%。进入2010年，一季度股票投资市值17 498.99亿元，占基金资产净值比达到74.16%；二季度基金的股票投资市值13 623.27亿元，占基金资产净值比达到66.49%。

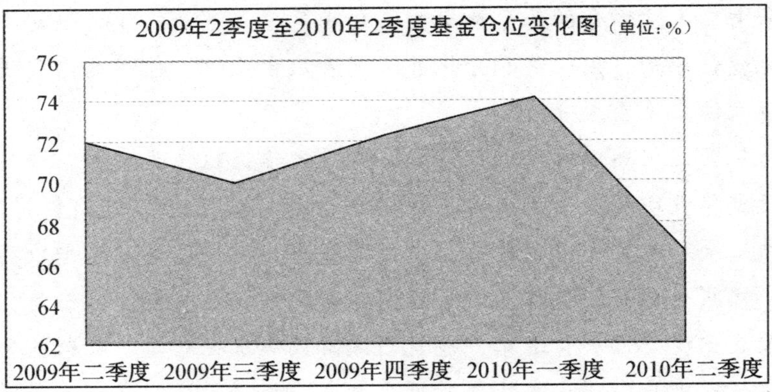

图5-4　2009年二季度至2010年二季度基金仓位变化图

数据来源：财汇资讯

显然，在股市并无大起大落的时候，基金的股票仓位出现了明显的波动。

2009年国内60家基金年报显示，各类基金总体的换手率达到293%，封闭式基金的换手率高达300%，全部基金的换手率为293%。这一数字远远大于2008年的情况，整体波段操作的迹象明显。2010年基金半年报显示，198只普通股票型基金（含公布半年报的次新股票型基金），其平均换手率为192.68%，仍居高不下。信诚中小盘的换手率高达2237.17%，长城双动力换手率高达1196.29%，天弘永定成长和天弘周期策略换手率分别是609.59%、530.52%。让人叹息的是，前10只高换手率的基金，9只基金业绩表现居前1/2；最低换手率的10只基金，全军覆没，业绩均居后1/2。

作为执全球基金业的牛耳的美国共同基金，波段操作迅速减退。从美国公募基金的换手率来看，从1974年到2008年，股票型基金的平均换手率仅有58%，且从2000年开始，平均换手率有进一步下降的趋势，2008年换手率在50%以下的基金占全部股票型基金比例达到一半。在经历过严重的金融危机后，2008年底，美国股票型基金的股票仓位水平为93.4%，与2007年底的94.8%仅有轻微的下降。单纯从美国股票型基金的仓位变动情况来看，他们是很少参与波段操作的。

在波动较大的市场中，基金作为专业的投资者，希望利用研究优势，攻城略地，波段操作，以便让其复利效应迅速显现，这无可置疑。但在历史的长河中，基金的波段操作，真的能战胜市场吗？

将所有基金样本作为一个整体，假设基金指数化投资，并采用买入并持有策略，那么，基金获得的收益就应该是指数的收益，基金的超额收益来自于基金选股或者波段操作。

从历史数据上看，基金的大幅仓位调整在一段时间内利用波段操作战胜市场，但在另一段时间却输给市场，并且成功概率不高。从2003年以来，基金波段操作的程度与其业绩却呈现弱负相关关系，甚至波段操作越多，收益率却越低。这可能与中国市场的波动度大有关系，基金也不容易踏准市场节奏，成功择时。市场既有其理性的一面，也有非理性一面，这也证实了基金作为一个整体，难以长期战胜市场。

从统计上看，只有在市场非常高或非常低采用波段操作才有可能战胜市场，获得超额收益。

作为普通的投资者，当看到基金快进快出时，大可不必着急参与。毕竟，这种热火朝天的背后，隐藏着众多的不确定。与其这样付出不菲的交易成本，还不如给自己放个长假，泰然处之。

◇◇社保：最可信的“理性”投资者◇◇

全国社保基金是中央政府集中的社会保障资金，是国家重要的战略储备，主要用于弥补今后人口老龄化高峰时期的社会保障需要。目前全国社保基金已经成为我国社会保障体系的重要组成部分。2003 年 6 月，成立刚刚 3 年的全国社保基金与南方、博时、华夏等 6 家基金公司正式签订授权委托协议，拉开社保基金投身股市的序幕。7 年来，全国社保基金一路低调，但又一路被聚光灯烘烤。

2010 年 6 月 17 日，戴相龙在“2010 经济金融论坛”上表示，全国社保基金将提高入市比例，到 2010 年底将提高国内股票投资占总资产的比例至 30%。而根据 2009 年度报告显示，社保基金会管理的基金资产总额达 7 766. 22 亿元，如图 5-5 所示。其中：社保基金会直接投资资产 4 145. 07 亿元，占比 53. 37%；委托投资资产 3 621. 15 亿元，占比 46. 63%。如果完成戴相龙的目标，照此估算，社保基金直接投资在股市中的资金将超过千亿元。

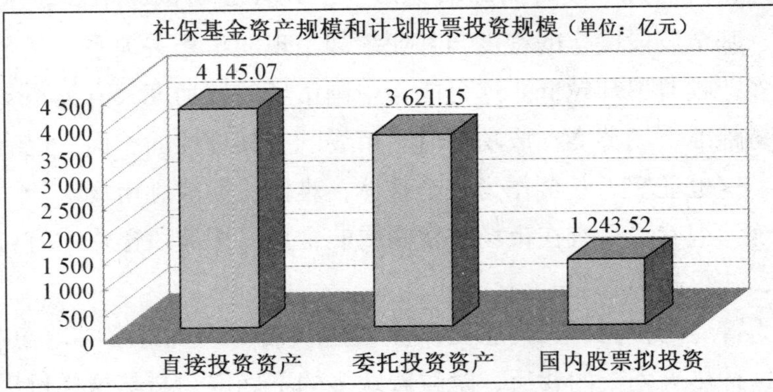

图 5-5　社保基金资产规模和计划股票投资数量（2009 年年报数据）

数据来源：全国社会保障基金理事会

作为国家的战略储备资金，全国社保基金在7年中是如何保值增值的？它又是如何引领风气之先，坐稳中国股市“理性投资者”宝座的？7年来，社保基金走过了怎样的投资与博弈之路？

1. 神奇的4次“抄底”和“逃顶”

从2001年200亿元的资产规模到2009年的7765亿元，社保基金在资本市场上的每个动作都牵动着各方参与者的神经。观察2001年至2008年7年间社保基金的投资观点和风向，不难发现，它们每次都走在市场前面，每次都精准地踏准节奏。尤其是在2004年至2008年的5年间，A股市场牛熊大转换，各路市场参与者备受磨难。社保基金一次次成功加仓，又神奇逃顶，让人们见识了这个“不平凡投资者”的深厚内功。

2004年7月到2005年6月，上证指数由1340.75点跌至998点，下跌约20%，但社保基金持股量却从4.32亿股增加到26.14亿股，增仓规模约为5倍，所选行业也开始多元化，机械制造、电力、银行、地产纷纷纳入囊中。

在随后的2005年7月至2006年6月，上证指数从1077.31点上升至1641.30点，涨幅达50%，第一时间增仓的社保基金从中稳赚一把。

2006年10月，上证综指徘徊于1700点至1800点期间，社保基金大举增仓中国石化等大盘蓝筹股，且增仓数量极为巨大。此后的行情证明，这又是社保基金的一次先知先觉之举。

2007年，A股走出一波大牛市，然而在6124.04点新高诞生后，股指快速回落。从2007年见顶到2008年大熊，虽然社保基金很少表明自己的投资观点，但它们的持仓变化却印证了其高明之处。早在2007年4月市场疯狂上攻时，社保基金就开始减仓，同年四季度，更是减仓3成，表明看空的决心。2008年，社保基金继续减持，同年四季度，其股票占资产的比重，已由2007年的40%左右下降至16%。

2008年10月底，A股创下年内新低1664点后，政策面刮起暖风，同年11月，4万亿投资让市场重燃信心。2008年下半年社保基金加仓入市。2009年新年伊始，政府实施了一揽子经济刺激计划，推出了10大产业调整振兴规划。对政策洞察功力深厚的社保基金，开始跑步入场。到2009年末，社保基金股票占资产比重重新增至32%。同时，当年社保基金一共新增开户19户，仅在2009年1月就新增开户16户，抄底的动机明显。

自社保基金抄底后，股市竟然神奇地“精神”起来，迎来了大幅反弹，上证指数从2008年10月27日的1 664点到2009年8月4日的3 478点，最大反弹幅度达109%。而这期间，社保基金仍不断加仓换股，以中小板公司为代表的高成长性公司，消费、新能源类公司成为其新宠，而重点减持了房地产板块。早已埋下种子的社保基金，再获全胜。

2009年单边上涨行情结束后，A股于2010年二季度再遭重创，社保基金又一次神奇躲过。在2010年一季度的震荡行情里，社保基金就出现减持，投资比重低于30%。

2010年7月初，社保基金向10家管理人中的6家管理人增资20余亿元，大举增仓后，A股再次反弹，19个交易日上证指数累计上涨11%，社保基金又“抄底”成功。

据权威数据统计，近几年由基金公司负责“打理”的社保基金，收益率整体超过公募基金，2009年社保基金普遍的收益率为60%~80%。实现投资收益849亿元，其中的6成来自股市。

通过这几个拐点行情的分析，相信投资者也能做到心里有数了。20年的股市实践证明，投资股市应具备两大基本功：一是抄底，二是逃顶。在中国的股市，由于社保基金代表着“国家队”，所以，如果一定要找一个可信者，那就是社保基金。998点、6 124点、1 664点、3 478点、2 319点，各个历史大底和大顶社保基金都抓准了。毕竟它的钱事关亿万群众的养老保命，它总能最准确地提前把握经济大势和政策转向。

来自全国社保基金理事会的投资数据显示，2009 年社保基金投资收益收益率为 16.1%，实现收益 426 亿元，比上年增长 82.6%，收益率 8.37%；交易类资产实现浮盈 423 亿元。截至 2009 年底，全国社保基金成立 9 年多以来的权益累计投资收益 2448 亿元，年均投资收益率 9.75%，超过同期年均通货膨胀率 7.74 个百分点。

2. 2008 年：社保“崴了脚”

作为具有“特殊身份”的社保基金，始终都是二级市场投资者的重要参考依据。人们已经看惯了社保神奇的“抄底”和“逃顶”，当还未有心理准备去接受它亏损的狼狈时，市场偏偏让人们见识了一把。2008 年，社保基金“崴着脚”了。

据全国社会保障基金理事会发布的 2008 年年报统计，全国社会保障基金当年资产总额 5623.70 亿元，自建立 8 年以来，社保基金资产总额从 2001 年的 805.09 亿元增长近 7 倍，发展速度较快。这一年，基金权益投资收益额 -393.72 亿元，投资收益率 -6.79%。这也是全国社会保障基金成立以来股票资产首次出现浮亏。不过，对 2008 年 A 股市场 65% 的跌幅而言，这一亏损额已属难能可贵。此外，社保基金证券差价收入 2008 年为 37.6 亿元，而 2007 年为 1000.9 亿元，同比下降 96.24%。

是什么原因令社保基金投资收益出现亏损呢？——股市疲弱。“倾巢之下无完卵”，这一年对社保基金来说只是小崴一下脚，已算幸运的了。当 2008 年社保基金以 -6.75% 的收益率收官时，国内最好的公募基金收益也仅有 -30%，超过 20% 的差距让各类冠有“明星基金”的管理者相形见绌。

“2008 年国内股票幅下跌，是导致全年全国社保基金股票资产从浮盈转为浮亏的主要原因，也是投资收益率为负数的主要原因。”全国社保基金理事会相关负责人做出这样的解释。

不妨用一组跟踪数据去印证，社保基金是如何在暴跌市中更胜一筹的。

图5-6所示为2008年社保基金各季度持股量对比图。

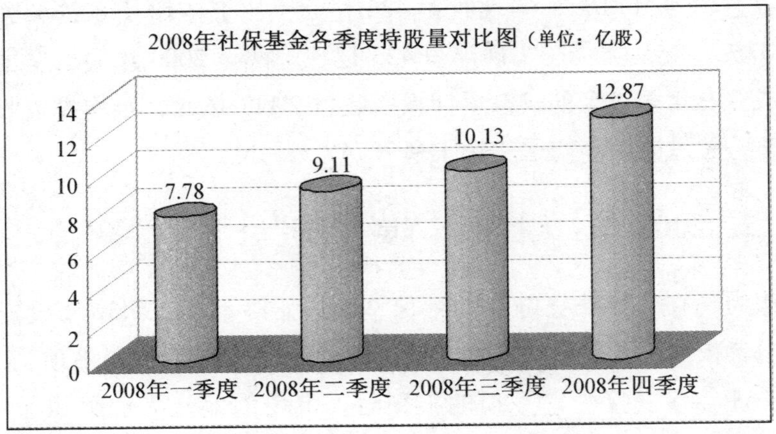

图5-6　2008年社保基金各季度持股量对比图

数据来源：财汇资讯

2008年一季度，上证指数累计下跌34%，但整体仍处于3300点上方。截至2008年3月末，大盘自2007年10月16日创下6124.04点最高点位以来，跌幅近5成。在上市公司前10大股东或流通股东中（下同），社保基金持股数量合计7.78亿股。

针对2009年一季度社保基金账户的操作情况分析后发现，社保基金以减仓为主，这显然比不少公募基金死守仓位要有先见之明得多。值得注意的是，2009年一季度多数上市公司股价在高位，此时间段减仓可以在很大程度上起到止损作用，甚至能获得最大收益。

2008第二季度，社保基金被列入上市公司前10大流通股股东的持股市值合计为93.78亿元，比第一季度减少31.62亿元，减少幅度为25.22%，为2006年一季度以来的最低水平。若考虑上证指数第二季度21.21%的累计跌幅，则有微幅减持迹象。不过，社保基金2008年第二季度共计持股9.11亿股，比第一季度增加了1.31亿股，增加幅度为16.87%。

2008第三季度末，距离大盘阶段性底部不到一个月的时间（2008

年 10 月 27 日上证指数探底至 1 664.93 点），社保基金开始逆市加仓，并且力度很大。合计进入 145 只股票的前 10 大流通股东名单中，持股数量增加到 10.13 亿股，持股市值为 87.52 亿元。通过对比可以发现社保组合的投资偏好，股市越低迷越增加投资资金额度，股市越涨越减少投资额度，这正符合价值投资操作手法。

2008 年第四季度，社保基金在低点继续加仓，持有股票数量多至 156 只，持股数量为 12.87 亿股，环比大增 27.05%；持股市值为 102.06 亿元，环比大增 16.61%。

其实，2009 年第一季度，社保基金继续保持增仓势头，持股市值合计为 151.05 亿元，环比增加 48.99 亿元，增加幅度为 48.01%，为 2008 年第一季度以来的最高水平。若考虑上证综合指数当年第一季度 31.34% 的累计涨幅，仍有大幅增持迹象。社保基金 2009 年第一季度共计持股 14.01 亿股，比 2008 年第四季度增加 1.14 亿股，增加幅度为 8.86%。

至此，社保基金完成了“抄底”，在随后的 5 个月里上证指数累计上涨超过 4 成。

一目了然，投资者从这些对比数据中看到了社保基金的“超前”性，尽管在 2008 年小亏一把，崴了一下脚，但总比栽一个大跟头摔得头破血流要幸运得多。从当年年报数据看，社保基金没有大幅减仓痕迹，这意味着，最起码社保基金没有踏空 2009 年前 7 个月的大涨行情。

3. 攻防兼备 3 大秘笈

社保基金每每能成功抄底或逃顶的原因究竟是社保基金本身有先见之明，还是投资管理人决策果断？其实仔细比对社保基金的投资偏好以及社保基金相关投资纪律等就不难发现个中缘由。

首先，稳健参股蓝筹股。在全球金融危机的冲击下，2008 年 A 股市场节节“败退”，市场再度进入熊市。可相关数据显示，社保基金却于 2008 年三季度、四季度再度建仓。面对“跌跌不休”的股市，2008

年11月社保新开8个账户追加入市资金约100亿元，这是2008年8月以来，社保基金第二次在中登公司增加开户。

分析社保基金熊市中取得的这份难得的佳绩可以发现，这与其持有的股票性质密切相关。数据显示，盈利冠军社保基金109组合2008年三季度末共有16只股票，其中有11只为社保带来盈利。特变电工为社保109组合带来1.35亿元的账面浮盈额，浮盈比例达47.04%，该股票2008年至2009年每股收益分别达到0.8447元、0.8505元，预估2010年每股收益1.07元。同样带来4590.34万元高收益的双鹭药业，2008年至2009年每股收益分别0.877元、0.9808元，预估2010年每股收益1.39元。可见，社保基金布局这种稀缺的高成长型股票，不但见证并分享企业成长，更为其实现高盈利奠定基础。

其次，把握行业盈利潜力。社保基金逆市获胜与其精准踩准抗跌行业有关。在宏观经济下滑趋势下，社保基金为保证资金安全进驻防御性行业个股，主要集中在食品、公用事业、机场高速公路、有色金属、机械设备以及医药生物等板块，由于这些行业安全边际较高，成为其弱市中的“避风港”。如2008年11月社保基金增仓品种已经转移到了石油化工、金融、地产、钢铁、医药等大蓝筹行业，其中占据市场权重最大的石油化工、金融行业是其重点。

最后，监控适度，纪律严明。笔者注意到，根据委托协议，投资管理人具有独立的投资决策权利，譬如在买卖时机、仓位控制、行业配置以及个股选择等方面，投资管理人不受干涉。有人这样形容：“社保基金会进行事前和事中的监控，而且在事后也会对投资管理人的能力进行动态评估，每次选投资管理人都形同‘选秀’。”

当然，社保基金成功抄底或逃顶的背后要归功于它的纪律性再平衡。为了控制股票投资风险，社保基金会通过投资纪律性再平衡对股票投资实行比例管理。社保基金的中长期资产配置计划设定了股票和债券等各类资产的投资比例区间。投资过程中，当股票资产比例低于目标比例区间下限时，就增加投资、提高股票资产的比例；反之则减少。中登公司统计显示，社保基金截至2008年底的开户数已达132个，较2008年年中增加40%。而2008年下半年上证综指所处的点位约是上半年的50%。

以上3点可称得上社保基金投资获胜的3大秘笈。对于市场传言的社保基金靠“内幕消息”取胜，这种判断有失公允。社保基金能在总体上把握市场的涨跌，完全是严格执行社保基金战略资产配置计划和风险控制相关规定的客观结果。加上社保基金把握政策性投资机会略胜一筹以及灵活的操作策略，社保基金股票投资已表现出了一种恰到时机的成熟与稳健。其实，社保基金和“涨停板敢死队”一样，都有铁的纪律，前者保持的是仓位相对平衡，后者体现在操作的干脆上。

◇◇保险：嗅觉敏感力求“高收益”◇◇

1999年10月26日，中国证监会和中国保监会同时宣布，保险资金可通过购买证券投资基金间接进入证券市场。有意思的是，在近几年，保险资金和“国家队”保持着比较亲昵的关系。有人戏称：险资与社保基金共进退，似乎在联袂主演“新庄家时代”。可以肯定的是，在保证“安全第一”的前提下，险资也不排除“波段操作”，争取收益最大化。

1. 入市比例5年提升4次

首先来了解一下保险资金的投资股市进程。实际上，我国保险资金运用经历了渠道不断放开的过程。1980年恢复国内保险业务之后，我国保险资金运用的渠道一直较为狭窄，在1995年以前，只能存银行。

1999年至2004年底，保险资金可间接投资股票市场。保险资金在通过购买证券投资基金产品间接投资股票市场方面也进行了探索，积累了一定的经验。而且，随着保险资金运用体制改革的深入，保险业在建立保险资金集中化管理和专业化运作机制、建立资金运用风险内控机制等方面也取得了长足进步。这都为保险资金直接投资股票市场奠定了基础。

2004 年 10 月，《保险机构投资者股票投资管理暂行办法》公布，保险资金原则上可直接入市。保险机构投资者投资股票的比例，按成本价格计算，最高不超过本公司上年末总资产规模的 5%；选择以绩优、蓝筹、流动性强、财务状况稳健的上市公司为样本的指数作为股票投资基准。截至 2004 年 8 月末，保险资金运用余额已达 10 012 亿。允许保险资金入市，意味着贯彻落实《国务院关于推进资本市场改革开放和稳定发展的若干意见》迈出了重要一步，进一步表明了国家对大力发展资本市场的支持，也显示了保险公司等机构投资者对我国资本市场发展的信心，这将对促进资本市场健康发展起到重要作用。

2005 年 2 月，《关于保险机构投资者股票投资交易有关问题的通知》、《保险机构投资者股票投资登记结算业务指南》、《保险公司股票资产托管指引》和《关于保险资金股票投资有关问题的通知》等配套文件出台，保险资金直接投资股票市场将进入实质性操作阶段，入市比例暂定 1%。保险资金入市，为我国当时低迷的股票市场注入了新的活力。允许保险公司按总资产的 5% 资金直接投入股票市场，有利于提高保险资金的运用效率，降低系统性风险。保险资金入市为保险资金增值保值拓宽了渠道，同时还可以丰富保险投资性品种，增加保险新产品，有利于增强理性投资、价值投资理念和引导个人投资。2005 年保险资金获准入市，为控制风险，保监会将有关机构实际投资比例控制在 1% ~ 2% 范围内。2005 年末，保险行业资金直接入市比例仅为 1%。

2006 年，险资入市比例由 1% 提高至 3%，后又上调至 5%。2006 年上半年，保监会将这一比例上调两个百分点，后来进一步提高到 5%。2006 年全行业投资收益率 5.82%，其中证券投资收益占到 77.2%。

2007 年，随着 2007 年大牛市的到来，险资投资股票比例上限达到

10%，权益投资上限仍为20%。按此计算，当年约有800亿元保险资金被准许直接投资股市。保险机构有关人士表示，此次投资比例提升采取的是“默许”的方式，没有直接下发正式文件。

2010年8月11日，保监会发布《关于调整保险资金投资政策有关问题的通知》，明确保险公司投资证券投资基金的余额：不超过该保险公司上季末总资产的15%，且投资证券投资基金和股票的余额合计不超过该保险公司上季末总资产的25%。根据统计，2010年上半年，保险资金投资基金、股票、股权等投资占比大约为15%，离上限还有10%的空间。按照去年末总资产4万亿元计算，险资将有4000亿元或进入股市。规定，在权益类投资方面，保险公司应当根据权益类投资计划，在上季末总资产20%的比例内，自主投资股票和股票型基金，投资同一上市公司的股票不超过该公司总股本的10%；超过10%的仅限于实现控股的重大投资，适用《保险资金运用管理暂行办法》有关重大股权投资的规定；保险公司投资证券投资基金的余额，不超过该保险公司上季末总资产的15%，且投资证券投资基金和股票的余额合计不超过该保险公司上季末总资产的25%；投资单一证券投资基金的余额不超过该保险公司上季末总资产的3%；投资单一封闭式基金的份额不超过该基金发行份额的10%。

保监会披露的2010年5月保险业经营数据显示，在保险资金的投资运用方面，银行存款11464.38亿元，投资2904.836亿元，如图5-7所示。2010年上半年，保险资金投资基金、股票、股权等权益类投资占比大约为15%，离上限还有10%的空间。按照去年末总资产4.05万亿元计算，险资权益类投资的空间尚有4000亿元。

虽然2010年6月底股市的惨绿严酷考验着资金的判断和耐心，不过数据印证了保险资金5月的抄底举动。5月，保险资金投资额较4月新增507.31亿元，而银行存款仅增加了4.12亿元。5月A股持续下跌，保险资金投资股票市值缩水，因此5月投资额的增加只能说明是新增保险资金大举加仓。经粗略计算，其中约210亿元投向资本市场。

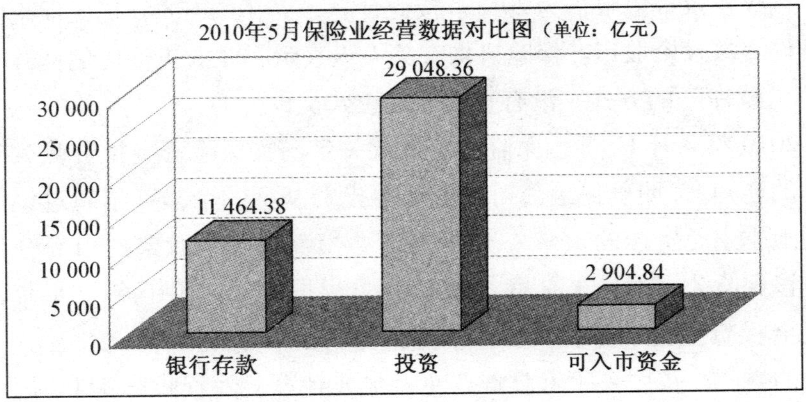

图 5-7　2010 年 5 月保险业经营数据对比图

数据来源：中国保监会

另据统计，截至2010年一季度，险资共持有559家A股上市公司股票，持股总量达到276.19亿股（包括保险类上市公司股份），较2009年底增加13.8亿股。

长期以来，作为关系国计民生的保险资金的再投资一直处于两难状态：过去，保险资金的总量不大，它不仅要严防风险，以保障正常理赔支付的需要，同时又要着眼于可持续发展，将部分保险资金直接投入某些金融领域以实现增值。由于众所周知的原因，过去几年来连续走熊的中国股市存在着较高的风险，因此，限制保险资金直接投资A股比例，是一种非常必要的负责态度。而随着保险资金总量的增长，随着我国A股市场长期牛市趋势的确立，不断加大保险资金入市比例，既是保险资金运用利润最大化的需要，也为保险资金实现可持续发展提供了可靠保障。

2. 5次拐点总先行

2005年底，A股可谓处在“黎明前的黑暗”。当年四季报显示，社保基金持股数量由当年三季度的174只，增至207只，增加33只；同期保险资金从当年三季度的49只，增至74只，增加25只。从持股市值看，社保基金当年四季末持股市值为782 724.52万元，环比增加112 123.13万元，环比增幅16.72%；同期保险资金持股市值为350 540.33万元，环比增加144 355.31万元，环比增幅70.01%。

显然，在大牛市来临之际，保险资金的嗅觉似乎更加灵敏，大幅度增仓。2006年至2007年间，这些早先布局其中的险资赚了个盆满钵满。

时间来到2007年三季度，上证指数创出历史新高6 124点（2007年10月16日）。在这个当口，保险资金和社保基金一致选择了“逃顶”。当年三季度社保基金持股数量由上一季度的171只减至136只，清仓了35只股票；同期保险资金从当年二季度的164只减至155只，减少9只。与中报的统计数据相比，社保基金持有市值也由当时的330.47亿元减至294.28亿元，减仓迹象非常明显，如果考虑到三季度股指大幅上涨因素，则社保基金减仓力度更大；保险资金共持有市值971.44亿元，尽管与中报相比保险资金持有市值有较大增长，但考虑到三季度股指大涨因素，保险资金实际持股略有下降。

不过，2008年三季度末，保险资金和社保略有分歧。在一轮新的牛市到来之前，社保一如既往地选择了增仓，持股数量由当年二季度的107只，增至144只，增加37只；同期保险资金没有加码，持股数量由当年二季度的196只，减至179只，减少了17只。读者会注意到，尽管保险资金投资股票数量减少，但仍比社保基金多。

时至2009年底，当一轮调整市开始的时候，保险资金明显减仓，这一步走得比社保基金要坚定得多。数据显示，社保基金2009年四季度持股数量由当年三季度的176只增至197只，增加21只；同期保险资金持股数量由上一季度的251只减少至237只，减少了14只。

继2009年四季度小幅减仓之后，于2010年第一季度加大了减持的力度，持仓市值下降至2009年二季度以来的最低水平。保险机构2010年第一季度持股市值为782.20亿元，比2009年第四季度减少144.63亿元，减少幅度为15.60%，相比第一季度大盘的累计跌幅5.13%，有大幅减仓迹象。

2010年7月，在股市出现反弹的当口，保险资金重新活跃，不断加码股市。有媒体披露了保险资金入市投资规则变化，其中投资比例从5%调升至10%最为关键。对于保险资金自身来说，投资A股比例提高使保险资金的再运用有了更为坚实的资金保障和灵活性。

根据历史规律表明，每次提高保险资金入市比例虽然不一定是最低点，但是每次都是属于相对的底部，甚至后来都出现了牛市。比如2006年6月27日《国务院关于保险业改革发展的若干意见》颁布逐步提高保险资金入市比例，后来诞生了2006年至2007年的大牛市。再如2009年1月16日，证监会主席尚福林撰文表示，要从5方面深化资本市场改革创新，努力提高保险资金、社保基金入市比例，后来诞生了2009年的牛市。

2010年这次调整比例是否也会导致大盘见底反弹呢？

3. “开疆”变“守土”

我国的保险资金于2005年3月以直接入市的方式直接进入证券市场，这是我国保险资金运用的一次历史性突破。它不仅可以拓宽保险资金的运用渠道、提高保险资金的收益率，而且可以为证券市场注入资金，增加市场的稳定性，实现保险市场与证券市场的良性互动。但当保险资金入市后，保险资金运用也将面临着更大的投资风险。更值得注意的是，保险资金投资主题正发生转变，逐渐由“开疆”变“守土”。

在投资专业性上，保险资金与市场第一大主力机构——基金还存在一定差距，但随着保险资金入市规模的渐增，对市场的影响力与基金相比不分上下。如何在“开疆”之后守住这块“沃土”已经成为保险资金当下最为重要的任务。

曾有一位基金公司首席分析师对笔者做出这样的展望：随着政策的放开，将来保险资金的投资将通过3种渠道来完成，一是保险机构自身设立的资产管理公司；二是设立保险系的基金公司；三是通过外面的独立基金公司来投资。他认为，这种局面一旦形成，将呈长期并存的趋势。保险资金直接入市，将刺激基金公司提供更多的产品和更优质的服务，甚至不排除保险公司未来参股、控股独立基金管理公司。

除了在投资方式上与基金公司既有合作又有竞争外，保险资金在入市风险控制方面也做足了功课，这是保险资金能成功“守土”整个链条中的重要一环。

笔者总结了一下，保险资金入市、拓宽保险资金投资渠道后，面临4方面的“守土”工作。

首先，安全第一。这是由保险资金来源的特点所决定的。在将保险资金运用于证券市场时，重视对入市资金的风险管理对保险公司和投保人均具有非常重大的意义。

其次，分散风险。保险资金运用中的风险是很多的，既有市场的系统性风险，也有单个保险公司的风险。保险公司必须按照风险分散的原则进行安排，对某一项投资不得在保险基金结构中占很大的比例，应该是分散投资。发达国家对保险资金投资证券的比重都作了一定的限制，如对上市公司股票的投资占资产比重，美国纽约的限制是15%，德国是30%，英国是48%，日本是30%，韩国40%，新加坡是45%。因此，我国可以明确规定保险公司入市资金占总资金及各种责任准备金的最高比例，也可以与总资产挂钩，避免或减少过度资金运用导致的损失。

再次，控制总体规模。中国证券市场发展已有20年，虽然积累了很多宝贵的经验，但与发达国家已经培育了上百年的资本市场相比，仍然是非常年轻的，不稳定的因素也非常多，直接导致该市场的风险较大。因此，保险资金入市的总体规模不应太大，一定要对其加以控制。

最后，保险公司要加强自身的建设。既包括保险公司专业队伍的建设，也包括加强投资决策机制的建设。

可以想象，我国保险资金随着投资渠道的不断拓展，投资环境的不断改善，其规模得以不断发展壮大。与此同时，保险资金提高自身管理与自律能力，加强外部监管，必将极大地提高资金运用效率，有利于我国保险企业走出困境。

◇◇◇券商：难出反向标“怪圈”◇◇◇

券商，即经营证券交易的公司，或称证券公司。在中国有申银万国、银河、华泰、国信等，其实就是上交所和深交所的代理商。近几年，券商的日子过得实在有些被动，“靠天吃饭”的本性至今也未能改变，这种本性也极大地挫伤了券商的业绩。另外，市场反向标的帽子，把券商的脑袋勒得难耐。

1. “红光满面”和“灰头土脸”

我国证券研究与证券市场相伴而生，并随市场发展成长壮大。从1996年君安证券开始行业公司研究、1997年华夏证券设立专门研究部门起，一批证券公司、投资咨询公司等机构组建了专业的研究队伍，研究部门逐步被纳入券商整个业务流程。

作为证券市场的主力研究机构，券商在市场分析方面规模空前。截至2009年底，106家证券公司有88家设立了研究部门，占证券公司总数的83.02%；证券分析师总人数2592人，分析师超过50人的研究部门14家，分析师最多的申万研究所179人。研究领域逐步拓展为宏观经济、行业分析、上市公司研究和投资策略研究，2009年共发布研究报告100767份，平均每个分析师发布39份，发布研究报告最多的申万研究所10113份。

券商经营业绩主要有4个方面，分别是经纪业务、投行业务、自营资管业务和创新业务。作为最主要的经纪业务，与同期证券市场的交易量多少密切相关。所以，当市场低迷时，券商经纪业务大减，难免要

"灰头土脸"。尤其是2001年至2005年，中国证券市场经历了一场有史以来最严重的市场大调整，5年的市场大调整也使得中国券商陷入了前所未有的困境；而随着市场的活跃，尤其是在2007年，空前的"大牛"让券商牛气冲天。

有这样一组对比数据：在2005年，股市处于相对底部，成交低迷，上证指数全年下跌8.33%，总成交19806.08亿元，日均成交81.84亿元。而在2007年，A股厚积薄发，上证指数全年上涨96.66%，总成交308792.6亿元，日均成交1276亿元。在两个不同的年份，日均交易量的相差14倍，这为券商的经纪业务的差异埋下伏笔。

2005年，券商经纪业务收入出现大幅下滑。据统计，2005年深沪两市股票、基金和权证的总成交金额为34201亿元，比2004年减少20.06%，证券交易的经纪业务收入同比出现下滑。如果按2‰的佣金水平计算，2005年证券经纪业务收入较2004年下降34.32亿元。如果剔除权证业务的贡献，则2005年深沪两市股票和基金成交总额为32438亿元，较2004年下降24.18%，证券业的交易佣金减少41.38亿元。可统计的6家上市券商当年平均营业利润为256.49万元，平均利润总额为5152.64万元，平均净利润为5445.34万元。

2007年，A股年成交量的大增让百家券商的经纪业务创出惊人的纪录，对营业收入总额的贡献度直逼6成。相比大型券商，不少中小券商对经纪业务依赖程度位居高位。经审计年报的数据显示，不计入中金公司、华欧国际等6家专营投行业务的券商，百家券商2007年在代理买卖证券业务上共捧回约1747亿元的净收入，同比2006年增加了约1435亿元，增长幅度达4.6倍。同样是这百家券商，2007年营业收入约3051亿元，其中约57%由代理买卖证券业务净收入贡献。此项业务2009年的增长也高于营业收入同期3.6倍的增幅，这意味着，在券商的各项业务中，经纪业务是拉动2007年券商大幅增长最主要的马车。

可统计的11家上市券商2007年平均营业利润56.92亿元，与2005

年相比增长2218.21倍；平均利润总额57.29亿元，与2005年相比增长111.19倍；平均净利润38.18亿元，与2005年相比增长69.12倍。

在这种大对比中，既可以看到当下券商的“红光满面”，也能看到曾经的“灰头土脸”。券商之所以能与市场这样靠近，说白了还是在“靠天吃饭”。

2009年的A股市场再度上演“小牛”行情也让券商丰收。13家上市券商2009年合计实现净利润350亿元，同比大幅增长7成，业绩仅次于2007年，但是对经纪业务的过度依赖依旧是目前上市券商所必须面对的困境。

值得欣慰的是，随着股指期货和融资融券的开展，创新业务已经成为券商竞争的制高点。

至2010年7月底，中信证券、光大证券、广发证券等11券商家试点融资融券业务，8月31日，西南证券公告也将申请融资融券业务试点，9月28日晚间该公司再度公告，公司股东大会已经审议通过《关于公司开展融资融券业务的议案》，试点阶段融资融券业务规模不超过20亿元。这期间，融资融券试点第三梯队券商的准备也在紧张进行，15家券商冲刺融资融券试点资格，且将在10月份中下旬进入最后的专家评审阶段，率先获得试点资格的券商，最快年底便可展开业务。融资融券业务试点和推出股指期货品种使得市场将摆脱单边交易的交易方式，同时将对市场产生非理性泡沫的过程具有遏制作用。对具有试点资格的创新类券商由于在交易佣金，客户吸引、业务收入构成和经营模式等方面会带来改变。股指期货对券商直接的影响是增加了对期货交易佣金的提成。券商从事IB业务必须控股一家期货公司，目前上市券商中绝大多数是控股期货公司。对此业务的争夺有可能导致券商业绩进一步分化。

2. 近6年难出反向标 “怪圈”

尽管券商在市场研究方面具有其他机构无可抗衡的优势和实力，但其在股票投资方面还是处于被边缘化的尴尬局面。其投资的股票规模占市场比例越来越小，并且其仓位变化成为市场的反向标。

先从券商持股规模上看，券商的“战士”的确在收缩。

2005年，包括基金在内的全部机构持股数量为1252只，券商持股234只，占比18.69%；全部机构持股市值为2158.28亿元，券商持有市值95.24亿元，占比4.41%。2007年三季度，全部机构持股数量为1376只，券商持股249只，占比18.1%；全部机构持股市值为23471.39亿元，券商持有市值204.28亿元，占比0.87%。从低点到高点，券商持股范围及持股规模都在缩减。

2008年三季度，券商持股数量130只，占同期机构全部持股数量1506只的8.63%；持股市值120.51亿元，占全部机构持股市值的0.7%。与上年三季度相比，券商持股范围及持股规模进一步大幅缩减。

至2009年底，券商持股数量185只，占同期机构全部持股数量1651只的11.21%；持股市值243.47亿元，占全部机构持股市值的0.27%。尽管券商持股数量增多，但持股规模占比已经缩减到相当低的水平。

战场的缩小，似乎未能保全券商的投资收益。持股规模的减少，并未让券商走出市场反向标的“怪圈”。

2005年四季度，当A股蓄势待发的时候，券商却在减仓。对比数据显示，当年四季度，基金、保险公司、信托公司、社保基金、QFII等主力机构都在底部悄悄加仓，唯有券商却在减仓，并且减仓力度不小。持有股票数量由上一季度的269只减少至当年年底的234只，减少了35只；而同期，基金持有股票数量大增653只，保险公司增持了25只，社保基金和QFII分别将持股数量增加了33只和18只。显然，券商的这次抄底功夫略逊一筹。

类似情况也发生在2008年三季度，当社保基金独树一帜将持股数量增加37只时，各机构还没有闻到2009年的牛市行情，当然也包括券商。当季，券商减少了37只，其减持力度仅次于基金。当然，踏错行情没商量。

不妨再看看券商的“逃顶”功夫。很遗憾，券商又让投资者失望了。

2007年三季度，A股股指创造了历史新高，当基金、社保基金、保险公司减持股票逃离的时候，券商却一如既往地增持。当季，券商将持股数量增加41只，持股市值由当年二季度的135.94亿元增至204.28亿元，持股市值增加50.27%，如果剔除当季大盘45.32%的涨幅，券商持股规模仍有5%的增仓。

2009年四季度，A股抵达相对的高点，机构资金也迎来一次逃顶的机会，因为2010年还是“跌跌不休”的行情。可是，券商同样错失良机，非但没有减仓，还在加仓。当季持股数量增加了19只，持股市值环比增加52.9%。

券商集体看错行情的现象并非2010年才出现。2006年末，绝大多数机构对2007年上证指数的预测都远远低于4000点，而实际最高点达到了6124点，几乎比大多数券商的预测高出了1倍。2008年沪综指从5300点高位调整到1600点，没有一家券商在年初判对，集体误判的现象至今让券商们尴尬不已。而2008年的单边巨跌把市场跌怕了，即使面对国家出台的4万亿投资计划，也很少有券商能够放开胆子看多2009年市场。尽管多家券商判定2009年市场会向上走，认为上证指数波动区间基本在1400~2800点之间，但事实上，上证指数去年的波动区间为1844~3478点。而反观2009年底券商报告，绝大多数券商认为今年将站稳2700点以上，但现在看来，又宣判券商集体失手。

笔者在日常的私募基金经理采访中发现一个有趣的现象，私募只看数据不看结论，券商报告成为名副其实的“反向指标”。“当券商集体看多或看空某段市场走势的话，不妨逆向思考，选择和券商相反的方向可能就是正确的。”

这一现象，对广大投资者来说值得玩味！

◇◇◇◇QFII：外来的和尚会念经◇◇◇◇

发端于2003年5月的QFII制度，迄今已运行了7年多的时间。时间不算长，但成绩显著、发展迅猛已是不争的事实。QFII的投资业绩可圈可点，凭借丰富的投资经验、成熟的投资理念、国际化的投资视野、科学的投资管理流程，QFII取得了远远超出市场平均水平的骄人业绩。了解和研究QFII，熟悉它的喜好以及操作思路，对中小股民是有裨益的。

1. "狼"来了：最先盯紧4只股

QFII到底是只什么样的狼？

所谓QFII（Qualified Foreign Institutional Investors），即合格的境外机构投资者制度，是指允许合格的境外机构投资者，在一定规定和限制下汇入一定额度的外汇资金，并转换为当地货币，通过严格监管的专门账户投资当地证券市场，其资本利得、股息等经批准后可转为外汇汇出的一种市场开放模式。《管理暂行办法》规定的境外投资者包括境外基金管理机构、保险公司、证券公司以及其他资产管理机构，其中香港特别行政区、澳门特别行政区、台湾地区设立的机构投资者到内地从事证券投资的合格投资者可以投资下列人民币金融工具，包括：①除B股以外的股票；②国债；③可转换债券和企业债券等。QFII作为一种过渡性制度安排，是那些货币没有自由兑换、资本项目未完全开放的新兴市场国家或地区，实现有序、稳妥开放证券市场的特殊通道。

按照官方说法：QFII制度是在资本项目尚未完全开放的国家和地区，实现有序、稳妥开放证券市场的特殊通道。包括韩国、中国台湾地区、印度和巴西等市场的经验表明，在货币未自由兑换时，QFII不失为一种通过资本市场稳健引进外资的方式。在该制度下，QFII将被允许把一定额度的外汇资金汇入并兑换为当地货币，通过严格监督管理的专门账户投资当地证券市场，包括股息及买卖价差等在内的各种资本所得经审核后可转换为外汇汇出，实际上就是对外资有限度地开放本国的证券市场。

可以看看QFII进入中国的具体历程。

2002年7月18日，在深交所举办的“引进合格的境外机构投资者（QFII）座谈会”上，中国证监会、中国外汇管理局等均表示我国已经具备推行QFII基本条件。

2002年11月5日，《合格境外机构投资者境内证券投资管理暂行办法》正式出台。

2002年12月1日，中国证监会公布QFII申请表，同日，沪深证交所公布《合格境外机构投资者证券交易实施细则》。

2002年12月19日，中国人民银行发布了《关于商业银行申请从事合格境外机构投资者境内证券投资托管业务有关问题的通知》，明确了QFII托管业务申请细则。

2003年1月14日，9家托管行正式出炉。

2003年5月26日，瑞士银行有限公司、野村证券株式会社QFII资格获中国证监会批准，成为首批QFII。之后，摩根士丹利、花旗环球成为第二批QFII……

2003年7月9日，瑞银在中国A股市场下了第一单，买进宝钢股份、上港集箱、外运发展以及中兴通讯（4家公司当年中报平均每股收益0.4132元，远远高于同期A股0.1元的平均每股业绩水平；4家公司当时平均市盈率为19.14倍，远远低于同期A股51.24倍的估值水平；4家公司业绩增长更突出，其中宝钢当年半年报净利润同比增183%）。瑞银成为中国历史上第一个购买A股的境外投资者，也掀开了QFII神秘的面纱。

至此，“狼”真的来了。

截至2010年8月，获批的QFII共有89家，累计获批额度为177.2亿美元。7年的时间，QFII获批额度与2003年底的17亿美元相比，增加了9倍。

最大的“狼”是瑞银集团，经历3次获批后，额度已经达到8亿美元；花旗环球金融有限公司经历4次获批后，额度已经达到5.5亿美元；瑞士信贷（香港）有限公司、比利时富通银行、高盛国际资产管理公司、挪威央行4家QFII获批额度均已经达到5亿美元。

这群“狼”究竟怎样觅食？他们能给A股带来什么？

2. QFII带来A股4大转变

QFII制度的正式启动，被舆论界认为是继1996年底人民币实现在经常项目下可自由兑换以来的中国资本市场对外开放的又一个里程碑。作为我国资本市场由服务开放走向资本开放的第一步，引进QFII制度有利于我国进一步吸引外商直接投资和国民经济的持续稳定发展。

从中国香港、台湾，还有韩国引入QFII后股市的历史走势来看，在引进QFII制度的一段时间后，其股市都走出了一波比较大的牛市行情。特别值得关注的是，绝大多数的QFII所关注和买入的股票都成为投资者追捧的热门股，在随后的牛市行情中都远远地跑赢了大盘，给投资者带来了较大的利润。QFII的引入，当然也改变了当时中国证券市场持续低迷的态势。

有两组数据可以说明这一点。

股指方面，自2001年6月，上证综指在2245点见顶回落以来，沪市大盘经历了漫长的探底过程：从2000年底的2073.47点，到2001年底的1645.97点，再到2002年底的1357.65点。这股连绵不断的跌势，终于在2003年被一举扭转。上证综指和深证成指分别拉出了实体150点和736点的小阳线，结束了2001年和2002年连续两年年线收阴的历史。

成交金额方面，沪市在经历了连续萎缩后，2003年首次出现增长。

受大盘持续下跌影响，沪市成交金额自2000年以来一直处于不断萎缩的状态：从2000年的31 373亿元，到2001年的22 109亿元，到2002年的16 959亿元。这种持续下跌的态势，终于在2003年完全反转。2003年沪深股市无论在指数、成交金额还是在股票的发行数量上都已走出低谷，较上年明显上扬和增长。A股的这种向好，QFII有一定的功劳。

不过，如果将中国证券市场的走牛全部归功于QFII，未免有失偏颇。毕竟QFII目前在内地股市总交投量中所占的比例不大。

放下这个疑问不说，笔者总结了一下，QFII进入中国的证券市场，至少已让A股发生了4种变化，这4种变化是值得肯定的。

其一，QFII极大地加快了中国证券市场的国际化进程。

在QFII进入中国之前，虽然中国的资本市场有B股H股还有一些以IDR形式在海外上市的公司供境外投资者投资，但构成中国证券市场主体的A股市场却是一个相对封闭的市场，这个市场的参与者仅仅局限于中国境内的投资者。随着中国加入WTO，资本市场的国际化已是大势所趋，QFII正是因应这一趋势所迈出的中国证券市场对外开放的实质性的一步，国外的资本将通过这一特殊的通道进入新兴的中国证券市场，使中国的证券市场成为国际资本市场不可分割的一部分。另外，境外机构投资者进入我国证券市场，带来国际市场成熟的管理经验、管理技术以及成熟的投资理念，有利于提升包括基金公司和证券公司在内的境内机构投资者的管理水平和盈利能力。QFII制度的引入也使我国上市公司的股票定价机制进一步趋于合理，提升我国上市公司的法人治理水平，进而有利于促进上市公司的资产重组，引导资金流向，提高市场资源配置效率。

其二，QFII引入了增量资金，为A股提供“活水”。

从世界主要国家证券市场来看，成熟市场中的机构投资者都占有很高的市场比重，比如按照股权比例来看，美国约占50%、英国约占75%以上、日本约占50%，而中国A股市场的机构投资者仅占10%。这说明发展机构投资者是国内证券市场改革的一个重要方向。从成熟市场经济国家机构投资者占整个证券市场的股权比例来看，引入 QFII，可以极大地增大机构投资者在整个证券市场中的比重，这不但可以较快地扩大资本市场容量，而且机构投资者的长远投资和理性投资会增加市场的稳健性，减少资本市场的波动性。

如图 5-8 所示，数据显示，2003 年，QFII 投资内地市场的第一年，投资股票市值合计 36 亿元；2004 年，QFII 投资股票市值合计 53. 87 亿元，同比增加 49. 64%；2005 年，在 A 股市场处于大底的时期里，QFII 投资中国证券市场的市值迅速猛增至 113. 06 亿元，同比增加 109. 88%，在这一年，QFII 开始投资基金（投资华夏复兴股票 3 853. 82 万元）；2006 年，A 股市场蓄势反弹，QFII 更是不失时机，投资股票及基金市值合计达 553. 19 亿元，同比增加 389. 29%；2007 年，QFII 投资中国证券力度继续扩大，合计市值 1 193. 57 亿元，同比增加 115. 76%；2008 年，中国迎来了惨痛的下跌市，QFII 开始大面积撤离 A 股，投资股票合计市值仅 810. 15 亿元，同比缩减 32. 12%；2009 年，A 股前 7 月的上涨，令 QFII 投资市值扩大至 914. 59 亿元，同比增加 12. 89%，其投资谨慎态度可见一斑；时至 2010 年一季度末，QFII 投资股票及基金的市值合计 1 628. 81 亿元，仅仅 3 个月的时间，增加 78. 09%。

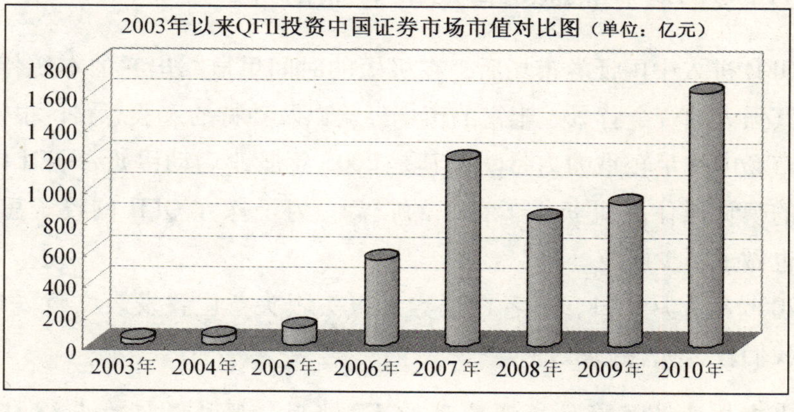

图 5-8　2003 年以来 QFII 投资中国证券市场市值对比图

数据来源：财汇资讯

动辄数千亿元的增量资金，对股市来说是源源不断的“活水”。

其三，促进国内机构投资者的发展壮大。

笔者认为，由于QFII投资大多都是以中长线投资为主，他们如果看好整个市场同时对目标股票有充分的、深入的研究和了解，一般情况下买入以后都会持有一段较长的时间，这将有助于中国股市的稳定。如果境内的投资者也追随这种投资方式，并且这种方式成为一种主流的话，那么中国的证券市场就有望改变以往那种牛短熊长，每年振幅都很大的怪圈，而进入相对稳定的运行阶段。

其四，带来成熟市场投资理念与价值观的冲击。

从最终效果来看，QFII给中国证券市场所带来的，是成熟市场的投资理念与价值观。QFII都是经过严格挑选的境外大型投资机构，具有丰富的操作经验和不错的业绩，他们的投资策略将对众多中小投资者产生巨大的示范效应。观察发现，QFII所关注的股票是一些盈利增长潜力较大、公司治理情况良好、财务结构健全、现金流量充沛的行业龙头股票，像银行、港口、航空、高速公路、电子通信和房地产中的龙头企业都是QFII所重点关注的对象。

3. QFII牛熊通吃背后的3点思考

QFII进入中国证券市场后，在极短的时间里显露出它的本质特征，凭借其强大的资金背景、丰富的市场经验以及独特的选股思路，很快成为了市场中举足轻重的力量。尤其是2005年股改启动伊始，QFII以其敏锐的嗅觉抓住战机获得了良好的收益。为了探究QFII的投资思路，笔者也做了不少研究。

2006年2月9日，笔者在证券日报头版头条位置发表文章《QFII告诉我们什么》，摘录如下。

上市公司2005年一季报显示，QFII当时持股总量仅为4.88亿股，而同年半年报、三季报显示，QFII却有较大仓位现身，其中三季度持股总量是一季度的2.3倍。显然，QFII是在股改期间进行了“闪电式”

建仓，这与国内开放式基金持仓的“原地踏步”形成鲜明对比。

……

在股权分置改革期间，QFII 投资十分活跃，有过半仓位集中在股改股上。2005 年第三季度数据表明，QFII 增持行为十分明显，QFII 在所有上市公司前 10 大流通股东中共持有约 11.11 亿股。QFII 积极发掘股改带来的投资机会，三季度 QFII 共计持有股改公司流通股 5.7 亿股，而在二季度末 QFII 持有这些公司 2.79 亿股，期间 QFII 对股改公司增仓幅度达到 104.30%。数据显示，瑞士银行在 2005 年三季度以来增持宝钢 4 477.55 万股，一跃成为其第一大流通股东，高盛公司则为新进，持有 8 947.75 万股成为第三大流通股东，摩根士丹利增持 788.46 万股，列第四大流通股东。3 家 QFII 总共持有宝钢 27 760.33 万股，占流通股的 5.87%。对于鞍钢新轧，2005 年第三季度德意志银行一举“吞入”3 658.85 万股，成为其第二大流通股东，花旗银行则以持有 1 757.93 万股名列第五大流通股东的位置。值得注意的是，德意志银行和花旗银行都是在 2005 年 10 月 17 日鞍钢新轧股改停牌之前购入其流通股，而在鞍钢新轧半年度报告中，并没有出现上述两家 QFII 的身影。

……

在 QFII 投资额度增长最快的时候（2005 年 11 月），基金重仓股股价仍快速下跌，基金经理不断减持这些“核心资产”，QFII 则不断捡走这些基金主力不断抛出的大量优质筹码，投资理念具前瞻性。

在 2005 年前三个季度，基金经理不断抛售周期性和出口行业股票，这些股票有烟台万华、中兴通讯、中集集团、振华港机、中材国际等；长春燃气被基金基本清仓；万科、中国石化、民生银行、招商银行也是许多基金回避的股票；宝钢股份这样的大盘蓝筹也成了基金减仓的重点。与此同时，瑞士银行等 3 家 QFII 增持宝钢股份；花旗集团增持中兴通讯、中集集团；多家 QFII 已经重仓持有长春燃气。目前，包括新兴铸管、长春燃气、通威股份、外运发展、丰原生化、登海种业、厦门钨业、南宁糖业、沪东重机、海螺型材、锦江投资和新钢钒等在内的有核心竞争力和垄断性的公司股票都已经进入QFII的投资组合。

南宁糖业2005年三季度公布的股东信息显示，渣打银行、荷兰银行、花旗、瑞士银行、汇丰银行、美林国际分别建仓244.15万股、241.28万股、176.78万股，101.52万股等，一举进入了其10大流通股东行列。该股自2005年12月5日至2006年2月7日，股价累计涨幅达110.65%。QFII对于高科技产业中的机会具有敏锐的嗅觉，2005年三季度介入了天威股份，近一年时间，股价涨幅超过150%，QFII也获得了超额的利润。再比如中兴通讯，这个被证券投资基金抛弃的个股，QFII接手后，两年半时间从15元一路飙升到复权后的40.6元，涨幅超过170%。2005年三季度QFII增加投资的46只股票表现均相当优异。像万科A、丰原生化、晋西车轴、鞍钢股份和海螺水泥等个股都成为本轮行情的超级黑马股。

对比研究发现，国内基金的投资思路相对保守，倾向于当前基本面良好、盘子比较大的蓝筹品种。而QFII的理念则激进一些，更看重个股的成长性、在本行业有突出优势和资源优势，拥有业绩增长潜力的上市公司是其最爱。QFII紧抓行业龙头，注重企业在行业中的规模及垄断优势，在择股过程中这些因素权重较高，而对于企业的短期业绩与行业的景气周期则放在相对次要的地位。

经过2007年的历史新高后，A股开始踏上漫漫熊途。笔者发现，在弱市中的QFII同样也能揩油。2008年11月24日，笔者发表了一篇名为《QFII双面胶!》的评论，摘录如下。

在QFII本月上旬抄底成功时，质疑声鹊起。11月14日，笔者在《买入便大涨揭秘14家“敢死队”获利玄机》一文建议国内投资者放下质疑，虚心学习。而最近几天以来，QFII则快速撤离，波段操作可以说十分精彩，几天的时间里让QFII赚足了腰包。此前，人们只是看到了QFII长线价值投资的一面；而此次，QFII动作之快不能不让国内投资者称奇。如果国内投资者再不好好分析其内在的本质，实在有点说不过去了。此前，人们只是看到了QFII长线价值投资的一面，但这次又好好地教育了国民，QFII 短线也很厉害，照样收我们的钱不商量。

如果说 QFII 在牛市中靠价值投资获取利润称其为一面的话，那么，在弱市中成功波段操作可谓 QFII 的另一张面孔。正如一张“双面胶”，不管是牛市的一面还是弱市的一面，QFII 总能适时粘住白花花的银子。

时隔 1 年，两市 A 股尽管“猴”性十足，但日均成交量再度逼近千亿元，并且与高成交量相对应的是高换手。这种久违的行情再度说明市场资金渐趋活跃，主力资金分歧很大，一场不见硝烟的博弈战拉开序幕，而这场战争的主角是 QFII 和国内主力机构。

……

事实证明，QFII 投资理念的前瞻性、嗅觉的敏锐性令其在牛市中左右逢源，赚了个盆满钵满，成功赚取了在 A 股市场上的第一桶金。注重价值投资是 QFII 长线操作中最重要的一个投资思维，广大投资者对此已经是耳熟能详。

我们让历史说话：2003 年 7 月 9 日，瑞银发出 QFII 第一单的指令，当时大盘在 1512 点；此后在大盘暴跌 500 多点直到 2005 年 6 月 6 日 998 点构筑历史大底的过程中，QFII 一直在持续入市；2005 年中期，国内基金普遍看淡后市，其重仓股反复下跌之时，QFII 却大幅增仓，最终抄得历史大底；2007 年四季度 QFII 大幅减仓，成功逃顶，成为 2005 年至 2007 年大牛市中的最大赢家。虽然 QFII 资金规模不大，但海外军团以弱胜强，在第一轮拉锯战中打败了国内基金。

时至 2008 年的 11 月，弱市中的 QFII 第一次把另一面展显出来，同样是近乎完美。topview 数据显示，从 10 月 30 日到 11 月 5 日的 5 个交易日里，以 QFII 席位为主的中金淮海中路营业部、申银万国上海新昌路营业部资金分别净买入 6.6 亿元及 4.7 亿元，两者合计成交 31.0 亿元。中国平安以累计净买入 3.9 亿元位居 QFII 净买入排行首位，中信证券、招商银行、白云机场等蓝筹股均处净买入排行前列。这仅仅是开始，QFII 真正的加仓高潮出现在 11 月 6 日和 11 月 7 日。11 月 6 日，瑞银证券通过大宗交易系统一举买入 3 亿元 A 股；11 月 7 日，瑞银证券交易席位再度现身大宗交易买方营业部名单，出资近6亿元继续建仓A股。两个交易日瑞银证券通过大宗交易买入的股票几乎囊括两市所有的权重股。有意思的是，瑞银证券抄底完成后，国务院出台4万亿元刺激经济政策随即出台，在一片质疑中，QFII充耳不闻，各席位再度联手做多。

近5个交易日主力动向数据显示，QFII席位净流出超过12亿元。QFII席位中最具代表性的中国国际上海淮海中路营业部、申银万国上海新昌路营业部、中国国际北京建国门外大街营业部、北京高华北京金融大街营业部共计卖出12.59亿元，其中超减持规模较大的是中国平安（4.73亿元）、中国远洋（1.63亿元）、招商银行（5762万元）、中国国航（5666万元）等，很明显，这些股票正是前期QFII大手笔买进的股票。

如果说A股这轮反弹就此结束的话，QFII对这次反弹的切入、离场时机的把握依然胜人一筹。2008年11月7日至17日，上证综指累计上涨18.21%，以权重股为主的沪深300指数更是大涨20.45%。如此看来，QFII在这次反弹中账面至少盈利两成。其实，QFII早在4月和8月分别出现了两次阶段性净买入，且都因受利好政策刺激，在反弹中获利。显然，国内机构则有点望尘莫及。在这次反弹中，国内基金、保险、社保等机构选择的切入时机和离场时机则略差。比如保险从10月21日就开始建仓，经历了连续5日深达25%的下跌，11月12日开始撤离，错失了11月13日到11月17日的收益。再如基金，在10月28日至11月3日大举逆市买入53亿元，然而在11月4日到11月7日的关键时间里，不断在多空之间转换，没有了明确的方向，到嘴的肥肉没有吃到肚子里。

“双面胶”具有双面黏性良好、韧力十足的特征，正如QFII资金，不管是长线的价值投资还是短线的波段操作，都具有获利的良好性能；并且目标明确，信心十足，又有耐心。有分析人士认为，QFII之所以能在A股市场左右逢源，与其在资本市场上的成熟运作经验密切相关，不但极为重视基本面分析，还能视政策预期的变化采取波段性交易策略。这种能力、投资策略及操作方式是国内投资者需要虚心学习的。

不得不说，QFII 传递的价值投资理念带来了新气象，今年如此，明年还是如此。尽管这种价值投资理念国内机构投资者也已经具备，但毕竟还是强化了这种理念。

QFII 牛熊通吃背后的 3 点思考如下。

首先，QFII 的价值投资理念成熟稳定，在对上市公司充分调查了解的基础上买进的股票，不会被暂时的波动影响，尽管可能会有战术调整，但战略不变。QFII 在充分调研后看好的公司股票下跌时，会继续买进，他们在台湾地区的实践就是这样。国内一些机构投资者，看好这个公司股票，但一旦股市下跌就出来了，对当初自己的选择缺乏自信。QFII 坚定的价值投资理念值得我国的机构投资者借鉴。

其次，价值投资是一种成功的国际化的投资理念，也是今后中国股市所要走的重要的理念之路之一。有一点必须强调，价值投资理念是在国外市场不断地发展和成熟起来的，有存在和发展的土壤，而我国证券市场目前上市公司资产质量，以及现行的市场交易体制，公司会计和信息披露制度等很多缺陷都制约了国际化投资理念的应用，往往导致倡导价值投资行情夭折的怪状，造成市场所嘲讽的“价值投资变为价值投机”的现象。

所以，推崇价值投资者要结合中国的具体实际领会其要义，否则就无法端正市场的投资理念。

另外，QFII 汲取过去中国股市的经验，结合政策面和行业及公司基本面的变化大刀阔斧地对重点品种波段性操作，这也体现了 QFII 对价值观念和供求关系的正确处理。对于中小投资者而言，做到不盲目跟风崇拜，要注意操作的波段性就好了。

第六篇

普通投资人——激情燃烧的岁月

有这么一类人，他们时刻关心着股市，为了实现自己的梦想在股市中奋斗不息，甚至将股票融入自己的生命。他们有着一个共同的名字——股民。

这群可爱的人，注定会有着不同寻常的经历，注定会有着异常精彩的人生，注定会随着股市的成熟而蜕变。

当年的“黄万国”，人们会排队通宵达旦只求编号，会为一次交割挥汗如雨；2007年的秋天，同样不减当年热情，卖房、卖车、贷款……只为能抓住这只“狂牛”的尾巴。

亚洲周刊把2007年封面人物授予了中国1亿股民，这是一个世界奇迹，也是对中国股市乃至这些可爱股民的褒奖。

月有阴晴圆缺，投资者的热情并不能阻止股市转变的步伐。当人们在证券市场中尽情挥洒热情的时候，股市却悄然酝酿两周之后的单边下跌。刀尖上的舞蹈，不但让股民品尝了短暂的欣喜，也彻底领略了“曲终人散”的恐慌。

20年来，在遭遇过7个轮回的“阵痛”后，投资者逐渐回归理性。

中国股民的可爱之处就在于：尽管股市一路下跌，但股民总数依旧以超过12%的年增长率在扩张。这种不离不弃，无不透视出普通投资者对中国股市的满怀期望。

“梦想是丰满的，现实是骨感的”，作为一个满怀梦想的股民，自己是否有能力在大鳄泛滥的股市里分得一杯羹，值得认真思索。不可否认，随着证券市场政策的完善、机制的健全，股民的心态也日渐成熟。在中国证券市场，普通投资者做到简单炒股、快乐炒股并不难。

◇从当年的“黄万国”到2007年的“疯狂”◇

对于一位老股民来说，“黄万国”是记忆深处的一块熟地。

上海证券交易所成立至今，有20个年头。20世纪80年代末90年代初，上海市中心西藏路和广东路的拐角处，猛然喧哗起来。从早上到深夜，每天人山人海。这儿一堆，那儿一群，日夜拥挤着高度兴奋的人们。有赚了钱兴奋地高声讲话的，自然脸色红润，嗓音响亮；也有凝神倾听暗中盘算的，低头屏息，把人家说的每个字“吃”进肚里。之所以能如此热闹，是因为这个拐角处矗立着一个证券公司——黄浦区万国证交部，上海人都叫它“黄万国”，这里寄托着每个人的发财梦。

有人曾估计过，1990年深圳人在上海西康路收股票捞去了约1亿元，1991年至1992年上海投资者抄深市大底至少赚回5亿元。这全部要归功于“黄万国”。

话说当时上钢厂有一个高级会计师，他放弃铁饭碗到万国证券应聘，被聘为万国证券的首任计划财务部总经理，并负责筹备和掌管“黄万国”，这个人叫谢荣兴。深圳早期只有5只股票，深宝安自此从3元涨到32元，上海投资者多数获利四五倍，欢天喜地。而股民们看到深圳股票能赚大钱，且全上海只有“黄万国”独家经营，因此“黄万国”门前便通宵排队，人涌如潮。

接着上海发行第一批认购证，每份30元。当时一般人不敢买，而谢荣兴提出，认购证是一笔看涨的期货。于是在深圳股票上赚了钱的人就把盈利部分买了认购证。这一买，结果是造就了后来的许多百万大户。所以当时“黄万国”被誉为“百万富翁的摇篮”。

“不晓得‘黄万国’，要被人笑的。来交割的人们，每次都得挤一身汗。广东路本来就窄，自行车又占去半条路，人潮密密地围在路边侃股经。”一位老股民这样形容道，“如果这里的石头、梧桐会说话，吐出来的也会是炒股术语。”

“一二三，谢荣兴。”这是“黄万国”门前的股民们一起喊出的声音。据“黄万国”创始人谢荣兴回忆，随着市场更加火爆，万人争相入市，排队通宵达旦，最高峰时得排上四、五个通宵（十六铺码头的票贩子也加入了有偿排队的行列）。一次周五收市后，例行编号登记下一周的委托，当下一周的编号全部发完后，队伍却依然望不到头。

随着1993年至1995年股市的低迷，“黄万国”风光不再，没有“摇张”（沪语赚钱的意思），股民脚头也懒散了。

斗转星移，时间的脚步迈进2007年，已经经历了众多沧海桑田的人们，再一次激情高涨，因为这一年，A股创造了历史新高。

据中登公司的开户数据显示，从2007年年初的8196万户，到最新统计数字1.31亿户，不到1年光景，我国股民总数增长了整整2500万人（按每个股民均开沪深两户算）。由于市场的“造富”运动使得居民储蓄被大量吸引进入股市，而大量资金又推动了股市的大幅上涨。

2007年年初，有专家在谈股节目中预测年中沪指将看到3500点。对于当时还在2500点左右徘徊的沪指来说，这样的期许惹来不少看空人士的侧目。但是3500点在之后两个月内被突破。随后，4000点过了，5000点过了，6000点一迈腿也过了。“追涨”成为股市的关键词。

为了追涨，很多投资者卖房、卖车、贷款……他们只有一个想法，就是不管怎样，都要抓住这只“狂牛”的尾巴。市场炽热乃至疯狂。股民高唱“死了都不卖”（中国股民第一歌，进入谷歌2007“年度中国热榜”和百度2007搜索风云榜“10大上升最快”的第4位），坚持长期投资，把股票“留给女儿当嫁妆”；言必谈股神巴菲特。这个美国老头可能不会想到，他在中国是下至黄口小儿、上至耄耋老人的追随者。券商分析师和新闻舆论更是疯癫，以大国崛起和“漂亮50”（nifty fifty，指美国股市成长期一直迭创新高的50家大市值公司，包括微软、IBM、英特尔、宝洁、麦当劳、可口可乐、美国运通等国际巨头）的无可辩驳的“真理”告诫中国股市引来了黄金10年，大牛市刚刚开始。

对比当年的“黄万国”，2007年的疯狂也毫不逊色。

尽管证监会屡次提醒投资者并多次提出要增强投资者风险教育，但是仍有很多股民对此置若罔闻。事实最终证明，疯狂追涨所带来的后果就是被套。在股指冲过6000点后，一轮大规模的调整悄然而来。

“事后看看，每一次大跌或大涨都可能是一个陷阱。躲得过‘5·30’的人，多半躲不过‘10·18’。”作为一名拥有10年股龄的成熟投资者，叶先生回忆起6000点的岁月，依旧陷入深思。

当坐了过山车、账面财富灰飞烟灭还亏损累累时，股民们终于沮丧地发现：即使是“漂亮50”这样的大美女，也不该倾家荡产地去拥有她。价值投机过了头，就变成了彻头彻尾的投机。

经历过“黄万国”和2007年的“疯狂”的投资者，或许能明白以下两个道理。

一是股市根本无法创造价值，它只能转移财富，你赚到的每一分钱都来自别人的投入。正在持有股票的人已经为前人的获利买单，只有当你卖出股票时，你才能通过再有人为你买单而离开这个旋涡。

二是侥幸心理最害人。认沽权证的炒作、ST股票的疯狂，再到300元的超高价股，这些都是投资者敢于博傻的杰作，大家都在用一种侥幸的心理看待这个市场。所有人都认为，我傻不要紧，只要能找到比我更傻的人，那么我就傻得可爱。既然是一种博傻，就总有落幕的一天，当牛市转熊，绝大多数的散户投资者都不会毅然割肉出局，即使大家有这个勇气，在彼时彼刻，在大量机构投资者面前，散户很难抢到少量的接盘，这叫流动性缺失。

不少基金经理都表示，流动性的缺失早晚会出现，且没有预兆，一旦来临，流动性将会在一夜之间彻底消失，那时候，才是股市真正的风险。

作为一个普普通通的股民，拥有一个真挚丰满的梦无可厚非，但自己怎样在骨感的现实里赢得尊重，是否有能力在大鳄泛滥的股市里分得一杯羹，值得认真思索。

◇◇风雨同舟，股民与股市20年共成长◇◇

1994年末，北京市开户股民达20万户，1997年末各类投资者超过120万户。

1996年，北京城镇居民平均每户拥有股票775元，占家庭金融资产的1.94%。

10年之后的2006年9月，沪深两市的总开户数突破8000万户，达到8006.68万户，其中A股开户总数7403.18万户，B股开户总数164.6万户，基金开户总数438.91万户。

2007年4月，基金开户总数轻松超过1000万户大关，达到1158.63万股，环比增加20%。

2007年4月到10月间，股市开户人数急剧增加。当年5月，沪深两市账户总数达到10591.56万户，一举突破1亿户大关，该1亿个账户共计持有的深沪两市总流通市值为64380亿元，折合每个账户持股市值约为60784元。

2007年9月，A股开户总数超过1亿户大关，达到10368.28万户。越来越多的白领、退休人员、家庭妇女纷纷投身股海。每天新开的股票账户数达到30万。散户投资最多时曾占市场份额的60%。

2007年底，沪深两市的总开户数14306.62万户，A股开户总数11268.99万户，同比分别增长73.43%、50.06%。

2008年底，沪深两市的总开户数15980.68万户，A股开户总数

12 699.43万户，同比分别增长 11.7%、12.69%。根据 WIND 资讯统计，当年股票市场投资份额中，个人投资者占据了45.39%的份额。

2009 年底，沪深两市的总开户数 18 001.57 万户，A 股开户总数 14 426万户，同比分别增长 12.65%、13.6%。

时至 2010 年 6 月底，沪深两市的总开户数 18 860.59 万户，A 股开户总数 15 146.58 万户，与 2009 年 6 月底相比分别增长 12.12%、12.75%。

2004 年以来 A 股开户总数对比图如图 6-1 所示。

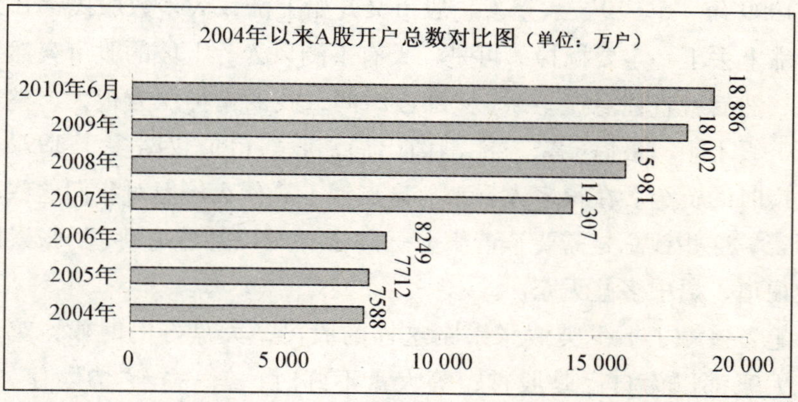

图 6-1　2004 年以来 A 股开户总数对比图

数据来源：中登公司

也就是说，在股市大涨的时候，股民总数大幅度扩张，充分显示出了人们的投资热情；在股市大跌的时候，股民总数仍以超过 12% 的增幅扩张，显示出了普通投资者对股市的不离不弃。这就是中国股民的可爱之处。

张崇刚是一个老股民，1997 年进入股市，感受过 1999 年至 2001 年丰收的喜悦，也承受了 2002 年至 2005 年资产几乎化为乌有的悲哀。经历过股市的跌宕起伏，他最大的感受就是散户赚钱太不容易。

“1997 年 9 月底，见不少朋友炒股赚了钱，我也去证券公司排队开了股票账户，投入了 2 万元，成为了一名股民。初入股市时，我犹如盲人摸象，别人说啥我买啥。前一天晚上看到电视上股评家推荐深发展，第二天一早就直奔营业部跟了进去。当时买入价格是 32.8 元，幸运的是卖出价格接近当时最高点48元。短短半个月盈利8 000多元。那几天，我别提有多高兴了，见到熟人就吹自己运气好，不停地鼓动朋友们去炒股。或许真的是运气好，很快我的账户就从2万元变成了3.6万元。”谈到曾经的辉煌，张崇刚眉飞色舞。

然而，好景不长。股市在1997年12月经历了一次大调整，张崇刚的资金全线套牢，股票账户缩水到了2.3万元。那是他第一次在股市里体会到心疼。

1999年“5·19”大爆发，股市又开始上涨，大多数股民都在想这一次涨上去了一定要抛掉。可是，天有不测风云，上坡的股市突然到了山顶，然后就直往悬崖下跳。“那段时间，我的精神压力很大，整日茶不思，饭不想，最后无奈只能割肉出局，股票市值仅略多于1997年9月入市时的资金。在很多人看来，这点钱不算什么，但对我们这些小散户而言，这些钱总是需要辛苦赚上一阵子，所以甚感心疼。”张崇刚淡淡地说道，语中多些无奈。

笔者接触了不少类似张崇刚这样的股民，大盘好的时候，鸡犬升天，大家都以为自己是股神；等大盘不好时，怎一个“惨”字了得。地产大鳄潘石屹说过的“永远不做大多数”这句话放在股市中特别合适。相对于股市而言，只有少数人的观点和操作是成功的。

继续上面的故事。“经过学习、反思，我慢慢成熟起来。对我而言，真正的收获季节是在2005—2007年的大牛市。由于我加强了股票理论和知识的学习，在2008年大跌中也没有亏损，并在2009年获得了不菲的收益，从2009年大盘3 478点下跌至今我仍然保持账户盈利。”张崇刚继续说道。

保护投资者利益是发展证券市场的一个永恒的主题，普通投资者的成熟，与中国证监会在2007年初开展的一系列投资者风险教育密切相关。

随着政策的完善、机制的健全、股民的成熟，相信中国证券市场会越来越好。作为普通投资者而言，最重要的还是心态的成熟，要做到简单炒股、快乐炒股。

第七篇

张弛有度 20年监管只为“玫瑰”盛开

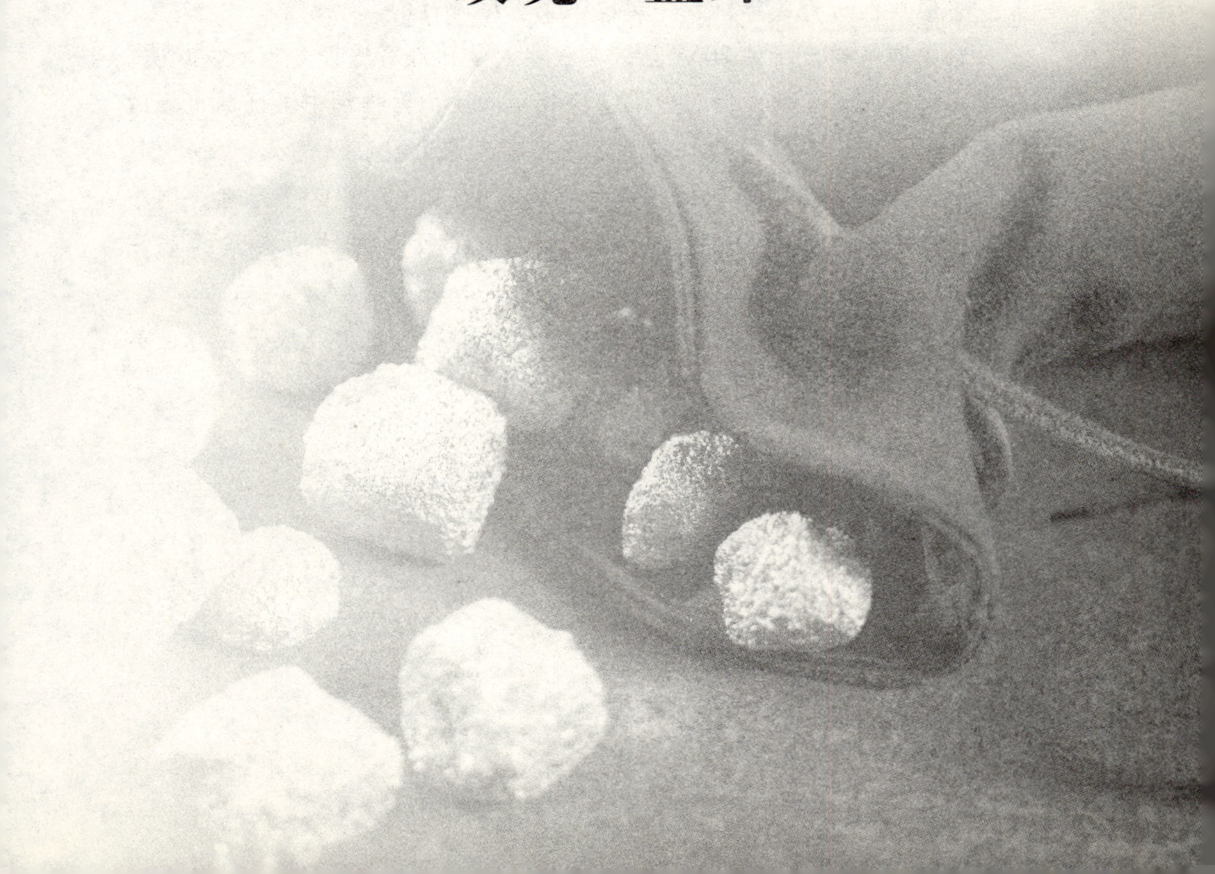

回顾中国股市20年的历程，中国股市的监管层一直被寄予厚望，在这个成长的过程中，监管层担当了一个“父亲”的角色，并且还是“严父”，成为其健康发展的保护神。

我们欣喜地看到，2005年股改启动以后，市场行情由政策主导的时期真正成为历史，近几年政策对股市的作用从“政策主导”转变到“政策引导”。在大起大落期间，政策层面采取的措施和领导人发表的言论也都只是对市场的引导。不过，市场化是一个长期的过程。从“政策引导”到“市场主导”还有很长的路要走，只有市场制度健全、投资者成熟、上市公司质量提高，“市场主导”才有可能实现。

2007年，一场监管风暴从7个方面席卷而来，严打股市庄家、规范信息披露、规范股评黑嘴、规范定向增发、规范券商借壳、规范高管炒股、规范基金。随着全流通时代的到来，监管“升级战”次第打响了。操纵股市、官商勾结、内幕交易等行为上升为市场监管主要矛盾，监管层任务日渐艰巨。

有经典的传奇故事，就一定少不了雷厉风行的人物。

在中国证券市场的20年里，有一些人物已经写进证券市场发展史，是需要被股民记住的，因为他们曾经耗尽心血，为推动中国证券市场的健康发展作出了杰出贡献。刘鸿儒，一言九鼎力挽狂澜的人；周道炯，激发证监会“监管”职能的人；周正庆，救市论的坚定呼吁者；周小川，推着市场大步行进的人；尚福林，提出股改并付诸实施的第一人……

这些可爱可敬的人，以他们超前的思维和个人魅力征服了参与证券市场的每一个人。

◇15年“政策主导”，5年“政策引导”◇

回顾中国股市20年的历程，“政策市”色彩浓厚，这一点在学界基本达成共识。但庆幸的是，近几年政策对股市的作用正发生转变，即从“政策主导”到“政策引导”，期间的积极影响不言而喻。

通过观察中国证券市场20年来重要政策出台前后股指的变化，可以发现，证券市场既有“政策主导”阶段也有“政策引导”阶段。前一阶段用了15年，后一阶段用了5年。

1992年1月至1992年5月，邓小平同志南巡讲话，全面放开股价，实行竞价交易。期间，股价开始直线上升，上证指数由612点升到1429点。

1994年8月1日，证监会推出“三大利好救市政策”，33个交易日内上证指数由325点上升到1052点。

1995年5月17日，证监会宣布在全国范围内暂停国债期货交易试点，股指在3个交易日内暴涨55.03%，随后的31个交易日内下跌30.84%。

1999年5月19日，推出改革股票发行体制、保险基金入市、允许券商合法融资等政策建议，政策扶持市场的力度前所未见，《人民日报》发表评论员文章，这引发了历史著名的“5·19”行情，沪深证券市场分别上涨50点和127.56点，涨幅都在4%以上。当年5月20日，各大报刊刊登中国证监会批准湘财证券增资扩股消息，之后沪深股市持续放量上升，到5月31日上证指数在盘中已攻破1300点，成交量平均每日100亿元以上。上证指数自2009年5月19日至6月29日的30个交易日内上涨64.1%。

对于“5·19”行情的启动，时任证监会主席的周正庆回忆说：“1999年5月16日，国务院批准了这份包括改革股票发行体制、逐步解决证券公司合法融资渠道、允许部分具备条件的证券公司发行融资债券、扩大证券投资基金试点规模、搞活B股市场、允许部分B股H股公司进行回购股票的试点6条主要政策建议的文件，也就是通常说的搞活市场6项政策。由此引发了著名的‘5·19’行情。”在当时，监管机构负责人和党报破天荒地高调就证券市场问题表态：6月14日，时任证监会副主席陈耀先谈话称，“当前股票市场的上升行情是一种恢复性的，是证券市场整顿规范以来，显示市场成长性的一种表现”。

2001年6月14日，上证指数在盘中冲到了2245.44点的历史高位。同日发布减持国有股筹集社保资金暂行办法。自此，正式宣告从1999年“5·19”开始的大牛市真正终结，指数在65个交易日内下跌16.5%，随后便展开了长达4年的熊市之旅。

2001年10月22日，国有股减持叫停，股指次日上涨9.86%后展开调整，随后股指维持弱势。

2004年2月2日，提出发展资本市场9条意见，随后又实行宏观调控和清查国债回购。“国九条”提出后市场反应平淡，宏观调控开始后75个交易日中股指下跌21.74%。

2004年9月9日，市场传出谣言，股指狂泻，温总理发表讲话表示大力推行“国九条”，股指即时大涨，6个交易日内收复4100点失地，2004年9月14日至9月20日期间的5个交易日内上涨16.1%。

进入2005年，股改启动以后，市场行情由“政策主导”的时期真正成为历史。

2005年5月9日，证监会主席尚福林及其领导下的证监会正式启动股改试点工作，自此新的一轮大牛市开始。与1999年不同的是，这轮牛市是由政策引导，以加强市场的基础性制度建设而引发的。至今，A股市场经历了大起大落，曾经达到过6124点的历史新高，也曾滑落到1664点的阶段低位，但一直以来强调的强化市场基础性制度建设的方向没有变。

期间，大股东利益与上市公司业绩挂钩，从而产生提升上市公司业绩、注入优质资产的动力。通过改善经营，上市公司利润大幅增长，不再是在市场上等待融资脱困。同时，更多的优秀民营企业、海外上市公司在国内上市，改善了上市公司质量。

2008 年，全球性的经济危机席卷而来，上证指数全年累计下跌65.39%，股市受外围经济的影响出现了困难，这与 1999 年非常相似。不同的是，在此期间，政策没有直接指向市场，而是一如既往地稳步推进市场的基础性制度建设。国家的政策层面和领导人尽管也十分关心股市的发展，但采取的措施和发表的言论也都是对市场的引导，而不是像 1999 年那样直接烘托市场气氛。比如积极财政政策加适度宽松货币政策与 4 万亿投资组合及一系列的政策，都是对股市发展的引导。

2010 年上半年，股市一直在弱势调整，1 至 6 月上证指数累计下跌 26.82%，管理层依旧坚守政策引导，积极推进各产业的“新兴加转轨”，5 万亿投资新兴能源产业发展，也是对中国经济的转型的刺激，对股市发展有很强的引导作用。

值得注意的是，市场化是一个长期的过程。对“新兴加转轨”特征依旧明显的中国股市来说，在今后相当长的时期内是难以摆脱政策的烙印的，只不过是由政策主导过渡到政策引导。从“政策引导”到“市场主导”还有很长的路要走，只有市场制度健全、投资者成熟、上市公司质量提高，“市场主导”才有可能实现。

作为普通的投资者，需要抛掉旧的思维，正确认识目前的政策引导的市场，不再随意揣摩监管层的相关政策，否则“市场很生气，后果很严重”。

◇◇◇2007 年一切从“严打”开始◇◇◇

2007 年，一场监管风暴从 7 个方面席卷而来，严打股市庄家、规范信息披露、规范股评黑嘴、规范定向增发、规范券商借壳、规范高管炒股、规范基金。随着全流通时代的到来，监管“升级战”也打响了。操纵股市、官商勾结、内幕交易等行为上升为市场监管主要矛盾，如此看来，监管层任务艰巨。

1. 2007 年的那场监管风暴

古语说：严师出高徒，严父出龙子。

每个父亲都望子成龙，“严”字当头，确实能给孩子许多许多益处。处于成长期的中国证券市场，监管层担当了一个“父亲”的角色，并且还是“严父”，成为中国股市健康发展的保护神。2007 年的那场监管风暴体现在以下 7 大方面。

（1）严打股市庄家。2007 年 3 月中旬，证监会处罚了一些操纵股票的庄家，34 人被实施市场禁入。其中，操纵正虹科技、济南百货、凯诺科技、基金汉鼎的庄家全部落马。被处罚的庄家当中，有 7 人已被实施了永久性的市场禁入。在我国的证券市场各项制度基本完善的今天，证监会正加大力度解决在市场当中暴露出的一些问题。一直神神秘秘的庄家将被暴露在阳光之下，至此，中国股市太平了不少。

（2）规范信息披露。2007 年 1 月 30 日，《上市公司信息披露管理办法》实施，除了义务人上市公司以外，还明确了保荐人、证券服务机构的职责，对会计师、评估师、律师等都特别提出了针对性的要求。当年 4 月初，上海证券交易所发布实施《上海证券交易所上市公司信息披露事务管理制度指引》，确定公司的信息披露标准，明确界定应当披露的信息范围。

（3）规范股评黑嘴，重手清洁股市。2007 年 3 月，市场各种传闻不断，虚虚实实，让投资者难以辨别，与此同时上市公司的澄清公告不断，这都是股市“黑嘴”的“功劳”。出于净化股市环境的需要，证监会从严从重处理了一批“黑嘴”，诸如“最佳选择”、“最佳平台”等这样的煽动性词语，终于羞愧地退出市场。

（4）规范定向增发。2007 年一季度末，越来越多的公司实际发行价低于规定的‘九折’，出现了各种不规范的方式，明显地存在寻租或者利益输送行为。这种利益输送现象已经引起管理层的高度关注。管理层提出“分类监管”的思路，把定向增发对象分成 3 类，并对其提出不同的定向增发方式，严防利益输送。如果认购对象为大股东、实际控制人及其关联方、本次发行完成后成为公司控股股东、境外战略投资者的，可选择董事会决议公告日为定价基准日，并约定锁定期为 36 个月；认购对象为财务投资者，以现金认购的，如果锁定期为 12 个月，定价基准日则按照上述 3 个时点的股价孰高原则确定，如锁定期为 36 个月，则定价基准日可选择董事会决议公告日，但需在申报材料时就选定认购对象，并签署附生效条件的认购协议；对于资产 + 现金模式的非公开发行，证监会将实施一次核准、两次发行的审核模式。

（5）规范券商借壳。从 2006 年开始，有关券商借壳的传闻就不绝于耳，你方唱罢我登场，卷入传闻的上市公司股票也演绎着一轮轮的疯涨行情。管理层稀释市场对券商借壳上市这一概念的炒作和投机气氛，加大力度规范券商借壳上市的行为。如果券商借壳上市过程中目标公司股价发生异动，就很可能被管理层视为存在内幕交易进而展开调查，这也将增大券商借壳获批的难度。

（6）规范高管炒股。当股价走高，部分上市公司高管便纷纷抛售所持股票套现离场，有的甚至不惜触犯《公司法》的有关规定，抛售超过 25% 的持股比例，有的甚至买入股票后半年内全部抛售。监管部门高度重视这一动向，核查了有关违规情况，并采取了相应的监管措施。

（7）规范基金。维护市场公平环境、规范基金交易行为一直都是监管部门的工作重点之一。2007 年年证监会基金部下发的一号文件，即要求从基金公司运营情况、基金公司督察长履职情况、基金管理人员投资行为 3 方面加强基金监管。同时开展了对基金公司在投资、销售、信息披露、运营等方面的合规检查，其重点就是检查否存在内幕交易、操纵市场等违法行为，以及不正当关联交易、利益输送和不公平对待不同投资人的行为。作为日常工作的内容之一，证监会基金部已建立起基金交易动态监管机制，做到能够及时发现问题。

另外，证监会规范基金年报编制审计，滋生利息归投资者；规范基金销售，多个角度解决当前阻碍基金销售发展的主要问题；规范基金年报，明令要求基金公司不得将暂存于以公司名义开立的各类账户中的投资者赎回款、登记系统未确认的认购款等资金滋生的利息或利差计入公司收入；规范基金认购费用，基金投资认购人购买基金的费用将统一采用外扣法。

2. 全流通时代的“升级战”

全流通背景下的资本市场，违法违规手段方式花样翻新，行为更加隐蔽，对如何提高证券执法效率提出了严峻的挑战。上海证券交易所最新一期上证联合研究计划课题报告指出，只有进一步提高执法效率，严厉高效地打击各种证券市场违法违规行为，才能保证证券市场的健康稳定发展。上海证券交易所最新一期上证联合研究计划课题报告指出，只有进一步提高执法效率，严厉高效地打击各种证券市场违法违规行为，才能保证证券市场的健康稳定发展。

2009 年，我国进入新世纪以来经济发展最为困难的一年，当年 4 月，温家宝总理指出：“要严厉打击操纵股市、官商勾结、内幕交易等行为，加强股市监管，提振市场信心。”此语掷地有声，吹响了中国证券市场的监管“攻坚战”。

中国证监会始终把内幕交易和操纵市场等证券违法违规行为作为打击重点，查处一批危害证券市场大案要案。尤其是 2008 年以来通过充实稽查力量，完善执法体制，加强与司法机关的配合。证监会打击证券市场违法违规行为，维护市场秩序，保护投资者合法权益进一步提高。特别是 2009 年对稽查体制进行改革，成立稽查总队。一年多来，稽查总队承办内幕交易市场操纵等各类案件 150 余件，集中力量迅速查办了汪建东等一批危害市场严重的大要案。案件现场调查周期从以前的平均6个月缩短到40多天。

2010年，“严打”全面升级。6月26日在上海陆家嘴论坛上，中国证监会主席尚福林表示“内幕交易上升为市场监管主要矛盾”。内幕交易和市场操纵是证监会重点打击的两种违法行为，以前的坐庄行为很少了，现在是新型的市场操作案件，如之前查处的莫建军等短线操纵案、虚假申报的周建明案，包括在审的案件很多也是如此。

权威数据显示，2009年共有53起上市公司违规受到查处，2010年前7个月共有32起，而2008年熊市之年仅为30起。观察显示，这一数据与2005年至2007年的上一轮牛市中的案件数量接近。与之不同的是，证券市场的火爆会令各种利益寻租爆发，但2009年A股的平稳甚至是今年的低迷均有大量违规案例的查处，反映出了全流通下监管矛盾越发凸显。全流通的逼近，带来的是上市公司股东、高管等控制人由“净值”管理变成了“市值”管理，他们对股价的敏感度也大为增加，股权由净资产衡量变成了市值衡量，并赋予了流动性，由此利益寻租空间更大更广。同时，利益寻租也由二级市场向一级市场延伸，比如PE腐败，如投行保荐人、会计师、律师、审计师、资产评估师等相关中介机构人员，特别是能左右企业生存发展的政府官员，成为违法违规Pre－IPO的主要参与者。

曾参与上交所关于内幕交易课题研究、撰写过多本内幕交易书籍的复旦大学金融研究所副教授张宗新表示，全流通后，原有的掏空上市公司、占款特别是庄股操纵等行为大幅减少，但上市公司高管、股东、实际控制人等利益显现化，并购重组增加，内幕交易也大量增加，因为一旦成功其成本低获利巨大；蔓延至一级市场的PE腐败更是利润惊人，却出现监管空白。这确实对监管提出了更高的挑战和难题，但证监会应联合司法部门完善并强化证券联合监管机制，通过合理的合作机制和工作流程，加大证券监管稽查力度，联合防范和打击证券市场内幕操纵行为。

如此看来，在这个复杂的时代背景下，监管层任务十分艰巨，要让中国股市健康地发展，监管层还需要付出更多的精力、花费更多的心思。

◇◇◇◇◇记住5位可敬的人◇◇◇◇◇

在中国证券市场的20年里，有5位人物以其各自的魅力征服了这个市场的参与者，他们费尽心思默默呵护着中国证券市场成长，他们耗尽精力坚决着中国证券市场发展步伐，他们凭着不可磨灭的奉献精神被写进中国证券市场的发展史，如图7-1所示。

图7-1　中国五任证监会主席（自左至右分别是刘鸿儒、周小川、周道炯、周正庆、尚福林）

图片来源：新华社

刘鸿儒，一言九鼎力挽狂澜的人

——我是第一任主席，第一届的任务就是开荒、修路、铺轨道，把这些事情做起来，任务就算完成了。

谈笑有鸿儒，往来无白丁。刘鸿儒被誉为20世纪90年代初中国最懂资本市场的官员，在业内拥有良好人缘的他在任证监会主席期间，开创了一个官方监管与市场行为的博弈时代。被称为“股界泰斗”的刘鸿儒是我国股市创始人之一，为我国证券市场的奠基立下了汗马功劳。在证监会担任主席近3年间，刘鸿儒得了个“刘头”的称号。

早在20世纪80年代初，刘鸿儒就大胆提出，“中国要发展股票市场，这是不以人们意志为转移的客观规律”。1985年的全国党代会吸纳了刘鸿儒在人民银行工作时提出的“建立以间接融资为主、直接融资为辅的金融市场体系”和“促进资金市场的形成”等建议，列入“七五计划建议”。

1990年5月，一直处于自发状态的中国股市一夜之间突然狂热起来，引起高层人士的关注和争论。时任国家经济体制改革委员会副主任的刘鸿儒奉命，3次率调查组，深入到深沪两地的交易网点实地研究对策。当时，中央高层中有种声音，认为股票市场是搞私有化，不能继续搞下去，主张取消深圳、上海的试点。在中国股票市场面临生死存亡的重要关头，刘鸿儒向中央承诺：探索一条社会主义国家发展资本市场的道路，股票市场的试点不能取消。飞机上两个多小时的汇报，坚定了总书记保留股市试点的决心，股票市场的试点保留下来，中国的股票市场度过一次劫难。尽管后来刘鸿儒一再谦虚地说“保留这片改革成果，是党中央的英明决定”，但知情人士都说，是刘鸿儒影响了中央的决策，在关键时刻救了中国股市。

1992年10月12日，国务院证券委员会成立，时任副总理的朱镕基兼任主任，其办事机构是中国证券监督管理委员会，是中国股市的最高直接管理当局。证监会首任主席即是刘鸿儒。1995年3月，刘鸿儒离任。尊重市场规律，提高透明度，一直是刘鸿儒的治市理念。

如今，尽管年逾古稀，刘鸿儒仍坚持研究、讲授“中国资本市场研究”和“中国金融体制改革思想发展研究”。刘鸿儒对资本市场一举一动总关情，只不过方式有了变化。在任时，他以一线监管者的身份参与其中；卸任后，他以一名学者、专家的身份为其摇旗呐喊。

周道炯，激发证监会“监管”职能的人

——短短的几年，是我一生工作经历中最难忘的一段时光。这3年里，我就像站在峰巅浪尖上，有时真有如履薄冰、如临深渊之感。

1992年9月中旬的一天，时任中国建设银行行长的周道炯突然接到中央组织部武连元副部长的转告，中央决定由他去筹建国务院证券委员会并任常务副主任。1995年3月在上海交易所发生的震惊中外的代号“3·27”国债期货事件，给整个市场带来了严重的负面影响，对社会公众心理冲击很大，股市极度低迷，上海综指一度跌到了390点。当月，周道炯被任命为中国证监会主席，仍然担任国务院证券委员会常务副主任的职务。他一上任，首先就充当了“救火队长”的角色。当年5月就宣布关闭国债期货市场，由此使得中国证券市场10年无金融期货品种。

周道炯上任3个月，证监会就提出了《中国证券市场九五时期到2010年发展规划草案》，包括：建立统一市场法规体系，争取尽早出台《证券法》；建立统一的市场管理体系和市场运行体系；建议国有股与法人股逐步上市；建立合理的投资结构，如培育发展投资基金；建立证券市场融资机制；逐步降低市场税费水平，完善税费制度等内容。以后的市场发展实践证明，这一规划是具有预见性的。

周道炯在任期间，查处违法违规案件90余件，大的有“长虹”事件，“华天”事件，琼民源事件，期货市场的红小豆、玉米事件。这些事件背后涉及一批金融机构、证券商、期货商、会计师、律师事务所的严重违规行为，查处违规所背负的压力异常沉重。

从周道炯开始，证监会的“监管”职能日益显著。在此期间，中国的银行利率开始下调，股市行情日益火爆，以至于他的一项工作就是出台措施给股市降温。1996年12月的“12道金牌”终于使股市跌下来，但次年5月就再创新高。同时，全国各地的柜台交易市场逐渐成

熟，山东、辽宁、湖北、四川等地的柜台市场一度容纳了520家挂牌的股份公司，有340万股民参与交易，形成了与沪深股市同步竞争的态势。

此外，改进新股发行办法。为了扭转证券市场上市公司普遍规模偏小的局面，周道炯在经过调查研究后对额度控制方式进行了改革，将以往向各省下达发行额度，改为向各省下达上市家数，从而促进了一大批大型国有企业的上市。

1997年6月，当中国宏观经济得以成功软着陆的时候，周道炯离任。在任期间产生了中国股市的第一大牛市，是五任主席任期中投资者赚钱最多的时期。

周正庆，救市论的坚定呼吁者

——监管部门不能抱着听其自然、任其发展、无所作为的态度，要积极主动地引导证券市场健康发展。

1997年6月至2000年2月，任中国证监会第三任主席。

1999年引发了著名的“5·19”行情，上证综指从1 070点，经历长达两年的牛市行情，最终达2 245点的历史高位，这一纪录直到5年后才被打破。给当时所有证券市场的参与者留下了一段美好而难忘的回忆。

周正庆提出，绝不能轻信某些人宣扬的对于资本市场不准干预、不能干预，干预之后不会有好结果的种种错误舆论，从而捆住自己的手脚。该出手时不出手，从而可能影响资本市场稳定、健康发展。

他认为，金融市场出现异常波动会影响经济社会稳定发展，政府出面采取相应的政策措施进行调控和干预是常见的做法。一般来讲，在新兴市场发展的过程当中，政府往往同时肩负市场监管者和推动者的双重责任，从实际出发出台相应的措施是必要的，也是政府的职责所在。他这样说道：“综观国内外资本市场的实践可以看出，没有哪个国家能脱离出政府主管部门的支持，而且这种支持是多方面的支持，有的直接向市场注入资金救市，有的由政府出资回购上市公司的股票，有的直接向上市公司注入资金避免破产，有的运用货币政策干预股市，有的运用财政政策支持股市，有的通过制定长期规划推进资本市场发展，还有的国家首脑和央行行长直接号召人民购买股票等。”

一心以推动资本市场发展为己任的周正庆，获得了社会和舆论应予的尊重。

周小川，推着市场大步走的人

——凡市场能够决定的都要由市场决定，市场不能起作用处，要尽快创造条件让市场起作用。

2000年2月至2002年12月，任中国证监会第四任主席。周小川上任伊始，推出了一系列提高证券市场市场化程度的措施，极大地加快了中国证券市场市场化的进程。

2000年3月底，周小川在“中国发展高层论坛”研讨会上提出，今后证券市场的首要工作是大力推进国内机构投资者的培育。他说，要采用超常规的、具有创造性的思路培育机构投资者，争取在3~5年内改变散户与机构投资者的比例。2000年10月12日，中国证监会发布《开放式证券投资基金试点办法》。至2002年底，开放式基金从最初的华安创新、南方稳健成长和华夏成长3家，快速增加到17家。2002年，发行开放式基金14只，募集资金占基金业全年募集资金总额的78.8%。与此同时，他还积极推动保险资金、社保基金入市，使其尽早成为证券市场主要的机构投资者。

周小川认为，凡市场能够决定的都要由市场决定，市场不能起作用处，要尽快创造条件让市场起作用。他认为，监管部门要克服人为设置的、妨碍市场起作用的种种障碍，在市场化的基础上加强监管。

周小川在任期出台的一系列引人注目的改革措施——诸如变“审批制”为“核准制”、引进国际会计准则、出台“退市令”、对操纵股价的违规行为进行严厉处罚等——使得中国的证券市场在深化改革、加强监管和规范化建设方面前进了一大步。其中，证券市场上市公司的进入与退出，都朝市场化迈进了一大步。

2002 年 11 月 8 日，中国证监会和中国人民银行联合制定的《合格境外机构投资者境内证券投资管理暂行办法》正式对外发布，自 2002 年 12 月 1 日起施行。QFII 的推出，对推动中国证券市场的健康发展，必将产生深远而积极的影响。

作为一个学者型官员，周小川的超前思维和个人魅力征服了公众。

周小川上任之时，正值大牛市中途，2000 年 2 月 24 日上证综指为 1634.3 点，其间曾于2001 年6 月 14 日创下2245.41 点的历史新高。而他离任之日，上证综指已下跌至 1382 点。也许，这是他离任后难以忘怀的憾事吧，但是中国股市从此走上了变革重生路。

尚福林，股改提出并付诸实施的第一人

——妥善化解历史问题和风险隐患，要按照既不割断历史，又不迷失方向，既不落后于时代，又不超越阶段的要求，正确处理改革、发展、稳定的关系，把改革的力度、发展的速度和市场可承受的程度统一起来。

“福临股市”是 2002 年 12 月证监会主席尚福林走马上任时坊间流传的一句吉语，事实证明尚福林的确是一员福将。尚福林敏于行而讷于言。作为资本市场的监管者，他的言行和决断敏锐而富有智慧。

从 2001 年开始，尚福林就表示，股权分置的问题已经严重影响市场预期，到了非解决不可的时候。在经历了两年的酝酿之后，2005 年，尚福林终于选择了中国股市的痼疾——以股权分置来进行试点。这项改革绝对是中国证券史上一项“前无古人，后无来者”的历史功绩，这标志着中国证券市场将发生历史性转变。

尚福林是股权分置概念提出并将其付诸实施的第一人。在推出第一批 4 家试点公司尝试进行股改后，股市出现持续暴跌的走势，在一片谴责、质疑声中，尚福林公开表态：“开弓没有回头箭。”截至 2006 年 10

月，股权分置改革基本完成，取得了预期目标。据最新数据，2010 年 9 月末，仅有 15 家公司因为各种原因尚未实现实现股权分置改革。尚福林认为，一场战斗下来，“杀敌一千、自伤八百”不足取，股权分置改革的最高境界是不战而胜。他像一位勇敢冷静的外科医生，毅然挥刀切掉股市身上固有的顽疾，推动股市走上康健之路。

除了“破冰”股权分置改革外，尚福林的其他业绩也不得不提。2004 年 2 月，保荐人制度正式实施，尚福林表示，发行制度最终将过渡到备案制。在尚福林的推动下，“国九条”也在当年 2 月面世。2004 年 5 月 27 日，中小企业板也顺利推出。这些都为建立一个完善的资本市场打下了坚实的基础。被称为“股改年”的 2006 年，证监会召开了上市公司监管工作会议，要求年内必须解决上市公司资金占用问题。因此，这一年也被称为“清欠年”。

股权分置改革后，中国股市走出了一轮史无前例的大牛市，沪指从 2005 年的历史低点 998. 22 点走到了 2007 年的历史最高点 6 124. 04 点。

在股市从高峰滑落后，尚福林领导的证监会连发多项监管规定，并研究制定创业板、股指期货等各项有利资本市场措施。中国资本市场的监管手段日益多样化，对资本市场的理解和监管水平在快速提升。

“既不能割断历史，又不能迷失方向；既不落后于时代，又不超越阶段。”尚福林是这样想的，也是这样做的。

第八篇

下一个20年　时间沉淀与“玫瑰”怒放

当笔画出地平线
你被东方之锣惊醒
回声中开放的是
时间的玫瑰

——北岛

以北岛的一首《时间的玫瑰》作为本篇题记的开头。

在过去的20年，经历过重大基础性制度变革之后的证券市场，运行机制正在发生深刻的变化。5年来的6大转折，已经说明了一切。承接这6大转折，我们必须充分认识到中国资本市场依然是“新兴加转轨”的市场。

在下一个20年，中国资本市场将基本完成从“新兴加转轨”向成熟市场的过渡，迈入全面发展的时期。一个更加公正、透明、高效的资本市场将在中国经济构筑自主创新体系中发挥重要作用，成为中国和谐社会建设的重要力量；同时，一个更加开放和具有国际竞争力的中国资本市场也将在国际金融体系中发挥应有的作用。

下一个20年，我们一起期待……

如果把中国证券市场比喻成一朵足够艳丽动人的玫瑰，随着时间的不断沉淀，这朵“玫瑰”终究会更加怒放。

下一个20年，中国证券市场凸显6大新特征，正如玫瑰的花瓣，迎一缕缕和风，拂走了人们的疲倦，带来沁人心脾的芬芳……

◇◇◇新兴加转轨：路漫漫其修远兮◇◇◇

新中国证券市场从建立至今的20年里，在发展起点上面临着与成熟市场迥然不同的初始条件和外部环境，资本约束不到位，市场约束机制不健全，法律制度、信用体系和监管模式不完善；市场股权结构特殊，机构投资者比例偏低，市场股权文化亟待培育等。在经历过重大基础性制度变革之后，我国证券市场运行机制正在发生深刻的变化。面对全球金融危机的深化和蔓延，面对新情况新问题，应该坚持以科学发展观为指导，不断加深对我国资本市场发展规律和途径的认识，客观对待我国证券市场面临的突出问题，努力调整好投资心态。

1. 承接5年来的6大转折

2008年，全球金融危机袭来，中国股市由于内外部因素的影响，也经历了一波大的起伏；2009年，是《国务院关于推进资本市场改革开放和稳定发展的若干意见》（简称“国九条”）颁布5周年。经历不断的深刻反思后，中国证监会主席尚福林曾这样说道：我国资本市场依然是新兴加转轨市场，经济全球化对我国资本市场改革发展提出了新的挑战和机遇。

回首这5年，面对内外部环境的复杂变化，面对严重自然灾害的影响和冲击，面对市场调整变化中出现的新情况和新问题，中国证监会以贯彻落实“国九条”为主线，全力加强市场基础建设，完善市场体制机制，强化市场监管，坚定不移地推进资本市场稳定健康发展。从整体上看，5年来我国资本市场发生了重要的转折性变化。

一是市场基础制度不断完善，深层次问题逐步化解。股权分置改革后形成了全流通的市场机制和环境，解决了长期阻碍市场发展的重大制度缺陷，为发挥市场功能和推进创新发展创造了条件。深入推进上市公司专项治理、清欠解保等工作，上市公司规范化运作水平明显提高。面对新情况、新问题和国际金融危机的严重冲击，及时出台了规范解除限售存量股份有序转让、引导上市公司分红、增加股份增持或回购灵活性等一系列制度安排，在妥善应对复杂局面过程中保持了市场总体稳定。

二是市场运行机制更加健全，市场化程度大幅提高。坚持市场化改革取向，证券发行定价、审核、保荐制度改革稳步推进，市场价格约束进一步增强。大幅度取消行政审批项目，将工作重点从事前准入逐步转向事中监管和事后问责。在风险可控的前提下，以市场为导向、以需求为动力的产品和业务创新机制初步形成，市场机制和中介机构在市场筛选、定价、调节供求等方面的作用更加突出。机构投资者成为市场稳定发展的重要力量。

三是市场法律环境日益改善，执法效率得到加强。5 年来，共制定和修订各类法律法规 307 件，占资本市场现行有效的法律文件的 73.1%，初步形成了符合我国市场发展实际需要的、较为全面系统的证券期货法规体系。

四是上市公司结构不断优化，行业集中度明显提高。从增量上，推动大型优质企业上市，我国各行业的骨干领头企业及主要商业银行大都成为上市公司。在存量上，推动市场化并购重组，鼓励控股股东将优质资产、优势项目向上市公司集中，近几年来，资本市场已经成为我国企业重组和产业整合的主要平台。截至 2010 年 8 月 20 日，沪深 300 总市值 152 444.26 亿元，约占两市 A 股总市值的 66.31%，蓝筹股在股市中的主导地位基本形成。

五是证券品种日趋丰富，期货市场服务国民经济的功能不断完善。2005 年 8 月，中国权证正式推出；2009 年 10 月 23 日，创业板举行开板仪式；2010 年 4 月 16 日，市场瞩目已久的股指期货即将正式上线，与此同时，融资融券也已经启动开户程序，此后大盘成功攻破 3 100 点，打消了市场认为股指难以站上 3 100 点的疑虑，激发了市场做多人气。期货新品种方面，2004 年以来已上市棉花、燃料油、黄金、钢材、稻谷、玉米等近 20 个期货品种，加上原有的 7 个品种，初步形成了关系国计民生的大宗商品期货交易品种体系。铜、铝、大豆等期货价格开始成为国际贸易谈判的定价基准，不少企业利用期货市场套期保值，稳定了生产经营，为国民经济平稳较快增长发挥了积极作用。

六是创新监管体系，监管有效性明显增强。构建了辖区监管责任制和综合监管体系，强化了对控股股东、实际控制人及高管人员的监管，建立了市场主体信息披露与监管联动的快速反应机制，市场监管效率进一步提高，增强了行业监管的有效性和针对性。

承接上述的 6 大转折，必须充分认识到中国资本市场依然是“新兴加转轨”的市场。作为现代市场经济最活跃的组成部分，资本市场改革一直处在我国各项改革的前沿，也确实发生了转折性变化。

下一个 20 年，我们一起期待……

2. 新兴加转轨之路仍漫长

展望下一个 20 年，中国资本市场将基本完成从“新兴加转轨”向成熟市场的过渡，迈入全面发展的时期。一个更加公正、透明、高效的资本市场将在中国经济构筑自主创新体系中发挥重要作用，成为中国和谐社会建设的重要力量；同时，一个更加开放和具有国际竞争力的中国资本市场也将在国际金融体系中发挥应有的作用。

而在当下，虽然我国资本市场已经发生了转折性的变化，但“新兴加转轨”特征仍十分突出。长期影响资本市场健康发展的内外部制约因素并没有根本改变，风险防范和化解的自我调节机制尚未完全形成。

所谓新兴，就是中国的资本市场的发展历程还不够长，它只有不到

30年的时间，它的发育是不成熟的，资本市场的功能还不健全，资本市场的层次还不够多，或者还不够全面。中国央行原副行长吴晓灵曾说过这样一句话："中国的资本市场还不是无缝连接的多层次的资本市场。"也就是说中国的资本市场，在功能上还有缺失，资本市场的效率还比较落后，而且中国资本市场的这种效率的落后，主要还不是由于硬件条件的制约，而是制度上有一些不完善的地方。

新兴，说明我国的市场还很弱小，资本市场的功能还处于刚刚开发阶段。邓小平同志说过，对于资本市场要大胆地试。这一个"试"字道破了新兴的含义。我国的市场没有可以借鉴的管理经验，中国还没有真正懂得中国资本市场运作的"经济学家"和"管理人才"；西方的经验必须与中国的国情相结合。所以，一切在摸索中求发展就是新兴市场的定义。

所谓转轨，是指资本市场的制度基础还不够完善，尽管过去几年来，我国进行了大量的探索和改革，但是很多人都认为，中国目前资本市场在发行、交易、监管等多方面还有进一步改进的空间。资本市场的制度建设或完善程度，不是一个单兵突进的领域，而是和整个国家的经济、政治、司法，包括新闻等各方面的制度完善密切相关的。

2003年开始的股改，其根本目的是把所有上市公司股权市场化，要解决一股独大、同股不同利的问题。真正实现上市公司向现代企业管理的模式转化，从而能够使政府彻底从政企分开中解放出来，完善其原本的引导、调控而不是管理的职能。这是困扰了监管层几十年的一个大问题，也是中国彻底向市场经济发展的必经之路。不过，股改只是中国资本市场转轨的一个过程，其目的还没有真正实现。转轨的目的应是围绕中国经济能够沿着市场化发展的道路，扩大中国企业自身经济实体的规模，提高自身在中国乃至世界的经济地位，为中国的发展创造更好的条件。

此外，尚有150家央企需要IPO上市和整合后的整体上市，这仍是资本市场转轨阶段要实现的任务，但其只是过程而不是转轨的目的。

若干年后，中国的上市公司能够在产权明晰、管理科学、规范透明的市场规律下大规模、高效率地运行，那才是新兴加转轨市场要实现的目的，这个过程将很漫长。

◇◇展望未来20年股市飘出6缕“香”◇◇

展望未来，随着法制和监管体系的逐步完善，市场规模的扩大和效率的提高，国际竞争力的增强，中国资本市场将在未来和谐社会的建设中发挥重要的作用，并伴随中国经济的成长而发展成为一个具有国际竞争力的市场，在国际金融体系中发挥应有的作用。如果把中国证券市场比喻成一朵足够艳丽动人的玫瑰，随着时间的不断沉淀，这朵“玫瑰”终究会怒放。

下一个20年，中国证券市场或有6大新特征，正如玫瑰的花瓣，迎一缕缕和风，拂走了人们的疲倦，带来沁人心脾的芬芳。那个时候，人们在投资中会尽情享受着轻松愉悦的每一天。

其一，中国资本市场的深度和广度将大为拓展，成为一个高效、多层次和开放的市场。

到2030年，中国资本市场的深度和广度将大为拓展，股票、债券、商品期货和金融衍生品市场全面发展，市场层次更为丰富。多样化的交易平台，形成满足多层次投融资需求的市场体系，为中国企业做大做强提供广阔的平台。债券品种多样化，适应中国经济发展需求的各种固定收益类、结构性和资产证券化等产品将不断出现；商品期货和金融衍生品的品种更加丰富。多层次市场体系得以建立，交易机制比较完善，交易所的市场化运作水平较高。另外，与中国经济的国际化程度相适应，中国资本市场将成为一个开放度较高的国际性市场。更多的国际金融机构将在中国资本市场提供服务，并与本土的证券期货经营机构形成良性竞争格局；国际资本在中国资本市场的参与程度有较大提高。资本市场的基础设施达到国际先进水平，在市场的深度、广度、融资成本、流动性和效率等方面具有一定的国际竞争力。

中国资本市场将成为效率较高、流动性较强和具有一定深度的市场。市场交易成本将大幅降低，市场效率较高；市场机制将充分发挥作用，资本市场的发行、定价、交易等环节将主要依靠市场机制的运行和自我调节；资本市场的进入成本相对较低。市场的流动性较高，冲击成本较低；风险监控和预警机制基本建立，系统性风险逐步降低；市场的深度和稳定性增强。

其二，中国资本市场将出现具有国际竞争力的证券期货经营机构，金融服务水平全面提高。

到 2030 年，伴随中国资本市场发展进入相对成熟的阶段，证券期货经营机构的发展也将进入新的时期。证券公司、基金公司、期货公司等机构更加规范化和国际化，治理结构更加完善，激励机制更加健全，管理、服务和风险控制水平有较大提高。大批既了解国际运作，又服务于中国经济需求的专业人才成长起来。

证券公司的发展进入比较成熟的阶段，竞争力显著增强，各项主要业务能力得到较大提高，形成了依托于本土市场的较强的全球竞争力。证券公司的盈利模式更趋多元化，抗风险能力显著增强。以基金管理公司为主的资产管理机构全面发展，中国资本市场成为以机构投资者为主的市场。中国基金业规模大幅增加，基金类型及品种更为丰富；保险资金、社保基金和企业年金等长期资金更大程度地投资于资本市场。中国资本市场成为以机构投资者为主的市场，出现具有国际竞争力的资产管理机构。此外，在资本市场不断发展壮大的背景下，会计师事务所、律师事务所、评估师事务所、评级公司等其他证券期货服务机构也获得较大发展。

其三，造就大批具有世界影响力的企业。

随着中国证券市场的飞速发展，中国上市公司中已经涌现出一批有国际竞争力的企业（本书第二篇“6 行业龙头争国际第一话语权”一节中已有描述），但这只是第一步，要发展为世界性的资本运作中心，这种效应还需要进一步增强。到 2030 年，中国证券市场将涌现出更多的“有全球话语权的公司”，将有 80～100 家具有实力的、规模强大的、技术先进的、结构合理的、机制灵活的，拥有自主知识产权、自主创新和知名品牌的上市公司和国际化的先进的现代化的跨国企业。

届时，中国资本市场将成为世界资源的配置中心，造就大批具有世界影响力的企业。

其四，中国资本市场的法律和监管体系将基本完善，成为更公开、更公平、更公正的市场。

到 2030 年，中国资本市场的法律制度和监管体系将更加完善，机制健全、透明高效、运行安全的市场体系将基本建成。资本市场的法律制度将基本完备，证券执法体系基本健全，执法效率显著提高，从而有效规范资本市场的各类活动，并保障市场的稳健运行。各种与资本市场相关的法律责任制度安排得到切实落实，相关的司法审判机制基本形成，多样化的非诉讼的替代性纠纷解决机制得到建立，证券违法犯罪行为受到严厉打击，资本市场的规范化程度显著提高，投资者的合法权益得到有效保护，金融安全得到有效保障。监管重点实现了从行政审批为主向信息披露为主的转变，监管模式实现了从机构监管向功能监管的转变。证券、期货业协会及交易所的自律监管作用得到较为充分的发挥。

其五，未来 20 年，中国证券市场将成为世界资本市场高端人才的储备基地。

当今社会，大国之间的金融博弈，归根结底就是人才的竞争。集聚金融人才，将为中国资本强国建设提供强有力的智力支持。未来 20 年，中国采取多元化、全方位造就人才的模式，进一步巩固国际人才高地，大力培养和引进具有世界眼光、先进理念、扎实基础的资本运作专业人才，并可以在短期内通过外延扩大和内涵提高等各种途径抓紧培养人才。2030年，一支门类多、能力强、质量优的人才队伍，将为中国国际资本运作中心建设提供强有力的智力支撑，中国也将成为世界资本市场高端人才的储备基地。

其六，中国资本市场在国民经济和社会发展中的作用将不断显现，成为和谐社会的重要力量。

到2030年，中国资本市场将基本完成从“新兴加转轨”市场向成熟市场的过渡；资本市场的各项功能得到较为充分的发挥，成为推动和谐社会建设的重要力量之一。资本市场成为资源配置的主要场所，为中国企业做大做强提供广阔的平台。资本市场在和谐社会的建设中发挥着应有作用。中国资本市场的良好运行将大幅度提高资源配置的效率，有效地促进经济的增长和社会财富的增加；同时，资本市场还将引导投资布局的调整，拉动落后地区的发展；农产品期货市场的发展，将有助于变革农业生产与经营方式，促进社会主义新农村建设；资本市场将成为社会保障资金的重要投资场所，促进中国社会保障体系的完善；资本市场通过其创造的公平竞争、共同致富的平台，将在中国和谐社会的建设中发挥应有作用。

后 记

“中国证券市场走过了整整20年，期间有着不少动人的故事和可敬的人物值得纪念。你研究市场数据已10年了，应该在这个历史当口做个总结，从数据的角度勾勒出一幅证券市场20年波澜壮阔的画面图。”

这是2010年6月中旬的一天，《证券日报》社副总编辑马方业先生对我说过的一句话。

瞬间，我心底深处的一股激情被点燃了。因为这是我的一个梦，更是一种责任。

我进入证券市场有11个年头了，但真正研究市场是从迈入《证券日报》社的那一刻，屈指算来也有10个春秋。10年，在历史的长河中只是弹指一挥间，但在我的生活中，却有着许许多多意想不到的精彩与感动……

通过数据分析，我发现数据会说话，数据很可爱。

她可以附耳告诉你，市场中哪些信息是真，哪些消息是假；她可以耐心地向你解析，市场充斥着的令人想象不到的一些怪象；她可以十分淡定地告诫你，市场中存在的诸多诱惑和艳丽背后的黑手；她可以借你一双慧眼，让自己真正看清哪些是馅饼？哪些是陷阱？

可以这样说，数据能让我们感受变迁，数据衍生的图表能解析收益玄机，从数据中衍生出来的文字可以诠释所有的反思与力量。

马方业先生既是我的良师又是我的益友，他的提议让我感觉到了责任所在。我完全有责任，把10余年的研究成果奉献出来，也算自己对证券市场的一点儿小贡献。

2010年6月底，《数说股事20年》大纲出炉。7月，正是北京的一年最热的时候，这个月北京超过35℃的高温天气达11天，《数说股事20年》正式进入写作期。由于我日常工作安排得满满的，所以晚间需要抽两三个小时赶文修文。不会忘记这一年的仲夏夜，不会忘记这既有趣又枯燥的码字生活。

其实，我本以为《数说股事20年》会很好写，毕竟自己在曾经的分析研究中积淀了不少文章和观念。但在3个多月的写作中，我才发现其实不然。中国证券市场这些年发展太快，快得令此前的积淀必须封存，快得令不少曾经的研究成果发生转变。我只能重起炉灶，重新统计数据，重新制作图表，尝试着从更新的角度去做对比，试图从较为宽广的视角去审视一些的变化。还好，我对自己烹制的一道道“新菜”比较满意，不知读者怎样评价，所以心怀忐忑。

在企业管理出版社领导的大力支持下，《数说股事20年》终于和大家见面了！高兴之余，我本人非常感谢出版社李靖主任及相关领导同志。

特别感谢马方业先生，在本书的提纲拟订、章节内容等方面，提出宝贵意见及具体修正意见，并在百忙之中抽出时间为本书作序。能不遗余力提携后生的人不多，马方业先生就是其中一位。另外，北京瀚知堂文化传播有限公司的王泽女士，也为本书的出版付出了不少劳动，在此一并感谢。

最后，本人提醒读者：本书仅是一本数说素描股市发展史的书，相关内容不能直接作为投资参考。据此入市，风险自担。

赵学毅

2010年8月28日于北京

企业管理出版社读者俱乐部反馈卡

完整填写本反馈卡将可免费加入企业管理出版社读者俱乐部并可享受以下服务：

1、 将会收到我们定期用电子邮件发送的新书信息及部分图书连载内容

2、 每月新增会员中抽取 10 名获奖者，每人赠送最新出版图书 1 本

3、 参加出版社定期举办的各种活动

个人资料

姓名：________性别：□男 □女 年龄：______E-mail：__________________________

联系电话：__________________传真：___________________手机：________________

就职单位及部门：______________________________________职务：________________

通讯地址：____邮政编码：____________

单位情况

1. 单位类型：

□国有企事业 □私营企业 □政府机构 □股份制企业

□外资企业（含合资） □集体所有制企业 □其他（请写出）__________________

2. 单位所属行业：

□食品/饮料/酿酒 □批发/零售/餐饮 □旅游/娱乐/饭店

□政府机构 □制造业 □公用事业 □金融/证券/保险

□农业 □多元化企业 □信息/互联网服务 □房地产/建筑业

□咨询业 □电子/通讯/邮电 □其他（请写出）____________________

3. 单位规模：

____________________________________人

关于书籍

1. 您购买的图书书名：______________________________ISBN：__________________

2. 您是通过何种渠道了解到本书的？

☐报刊杂志　☐电视台、电台　☐书店广告　☐朋友推荐　☐其他________________

您对本书的评价：

内容	☐好	☐一般	☐较差
编排	☐易于阅读	☐一般	☐不好阅读
封面	☐好	☐一般	☐较差

3. 您在何处购买的本书？

☐书店　☐网络　☐机场　☐超市　☐其他_______________________

您所关注的图书领域是：

☐投资理财　☐人力资源　☐销售/营销　☐财务会计　☐管理学与实务　☐其他____________

您愿意以何种方式获得我们相关图书的信息？

☐电子邮件　☐宣传单页　☐书目　☐试读本　☐样书

4. 如果您希望我们发送新书信息给您公司的负责人，请注明所推荐人的：

姓名________________　职务_________________　电话__________________________

地址_______________________________________　邮件__________________________

本表可通过传真、电子邮件等方式反馈，联系方式如下：

联系人：李靖

地址：北京市海淀区紫竹院南路 17 号企业管理出版社第三图书编辑部　邮编：100048

电话：010-68701891

传真：010-68701661

电子邮箱：　e68701891@sohu.com

登记表电子版下载请登录：http://www.emph.cn 或发邮件索取